D1934294

hänssler

Cornelia Mack

Die Falle des Vergleichens

Cornelia Mack, Jahrgang 1955, Pfarrfrau, verheiratet, vier erwachsene Kinder, Studium der Diplom-Sozialpädagogik mit Schwerpunkt Psychiatrie, wohnt in Filderstadt bei Stuttgart, als beliebte Autorin und Referentin tätig.

3. Auflage 2008
Hänssler-Taschenbuch
Bestell-Nr. 394.147
ISBN 978-3-7751-4147-5

Internet: www.haenssler.de
E-Mail: info@haenssler.de
Umschlaggestaltung: Jens Vogelsang, Aachen
Titelbild: GettyImages, München
Innenillustrationen: Saskia Klingelhöfer
Satz: Vaihinger Satz & Druck, Vaihingen/Enz
Druck und Bindung: CPI – Ebner & Spiegel, Ulm
Printed in Germany

Inhalt

Vorwort

In den letzten Jahren ist mir aufgefallen, dass ich mich sehr oft mit anderen Frauen vergleiche. Das Ergebnis: Die anderen sind besser, können es besser, haben es besser als ich. Zunächst dachte ich, dass dies nur mir so geht. In dem Moment aber, als ich anfing öffentlich darüber zu reden, stellte ich erstaunt fest, dass alle Frauen, die mit mir sprachen, das gleiche Problem hatten. Das Vergleichen scheint urweiblich zu sein.

Nun ist Vergleichen nicht grundsätzlich schlecht. Ab und zu kann es ganz hilfreich sein, etwas zu vergleichen. Mancher Vergleich kann ein positiver Anreiz oder Ansporn, eine Hilfestellung oder sogar ein Richtungsweiser sein. Wir können an manchen Punkten voneinander lernen und einander korrigieren. Hier ist das Vergleichen gut.

Meistens aber hat das Vergleichen andere, negative Folgen für uns selbst, unser Selbstwertgefühl und unsere Beziehungen.
Oft führt Vergleichen zu Neid, Nörgelei oder Lästern, zu Undankbarkeit und Unzufriedenheit. Das Vergleichen kann uns in eine Haltung von Minderwertigkeitskomplexen oder auch in Stolz und Überheblichkeit hineinmanövrieren. Dann wird das Vergleichen zu einem schlechten Lebensbegleiter.
Die Gedanken und Gefühle, die das Vergleichen in uns hervorruft, haben Folgen für unser Lebensgefühl und für unser Verhalten gegenüber unseren Mitmenschen.
Wie gehen wir mit dem Vergleichen, aber auch mit dem Verglichenwerden um?
Wie finden wir Wege heraus aus den Fallen des Vergleichens? Und wie vermeiden wir, Opfer des Verglei-

chens zu werden? Was hilft uns zu einem dankbaren und erlösten Lebensstil, zu einer gelösten Grundhaltung im Umgang mit uns selbst und unseren Mitmenschen?

In diesem Buch will ich versuchen, unsere Motivationen beim Vergleichen in einer tieferen Schicht aufzudecken, den Bewertungen und Abwertungen, die wir dabei erleben, nachzuspüren.
Vielleicht gelingt es uns auf diese Weise – sowohl aus psychologischer Sicht, als auch aus biblischer Sicht – das eigene Verhalten besser zu verstehen und zu neuen Denk- und Verhaltensmustern zu finden.

Ich wünsche allen Leserinnen und Lesern, dass sie zu einem dankbaren und befreiten Lebensstil finden und jeden Tag neu sagen können: »Ja, so bin ich, so ist mein Leben – von Gott geschaffen, gewollt, begabt und beauftragt. Mit allem, was darin ist, kann ich vor Gott sein und zu ihm kommen. Und dafür bin ich dankbar.«

Cornelia Mack

Kapitel 1

Spieglein, Spieglein an der Wand

Wer ist die Schönste im ganzen Land?

In diese Gedanken versunken stehen Frauen öfter vor dem Spiegel und wünschen sich, schöner, besser, reicher, besser akzeptiert, beliebter zu sein. Vielleicht wünschen sie sich sogar, jemand ganz anderes zu sein.

Das Schneewittchen-Thema beschäftigt uns täglich. Wie das Titelbild dieses Buches deutlich macht, sind Frauen häufig nicht zufrieden mit dem Bild, das ihnen aus dem Spiegel entgegenblickt – oder mit dem Leben, das sie führen. Es sind nicht nur die wirklichen Spiegel des Lebens, die Unzufriedenheit herausfordern, sondern auch die »eingebildeten Spiegel«, die Bilder im Kopf.

Vergleichen – typisch weiblich?

Frauen gleiten schnell ins Vergleichen ab. Einerseits suchen sie Nähe zueinander und sehen darum auch schnell Ähnlichkeiten mit anderen Frauen. Andererseits fallen ihnen sofort die Dinge auf und ein, die ihnen an sich selbst nicht gefallen und die bei anderen scheinbar viel besser sind.
Frauen interessieren sich (mehr als Männer) für das Innenleben und daher für gefühlsmäßige Beziehungen. Dabei herrscht ein »Chor der Stimmen« in ihrem Kopf[1], der ihre Identität und ihr Selbstwertgefühl beeinflusst. Diese ständig wechselnden Stimmen geben immer wieder andere Stimmarten vor und lassen das

Gefühl für die eigene Person nie ganz zur Ruhe kommen.

Die gestresste Mutter mit vier Kindern vergleicht sich z. B. mit der unabhängigen Singlefrau und denkt: »Wenn ich doch auch so frei schalten und walten könnte wie sie. Wenn ich meine Zeit frei einteilen, im Beruf Geld verdienen und mir öfters etwas Schickes kaufen könnte, dann ginge es mir viel besser ...« Die berufstätige Singlefrau, mit der sie sich vergleicht, denkt dagegen im Vergleich mit der gestressten Mutter: »Ach, wenn ich doch einen Partner / Ehemann und Kinder hätte, nicht immer so einsam wäre. Wenn doch mehr Leben um mich wäre, wenn ich nach Hause komme. Wenn ich mich um Kinder kümmern könnte! Wie gerne würde ich meinen stressigen Beruf dafür an den Nagel hängen.«

Die Frau mit der 3-Zimmer-Wohnung beneidet die mit dem schönen Haus und sagt sich: »Wenn ich so ein großes Haus hätte, dann könnte ich ganz anders gestalten und leben, manches anschaffen oder aufbewahren, was jetzt nicht möglich ist.«
Diejenige, die das Haus besitzt, wünscht sich weniger Arbeit und seufzt: »Ein ganzes Haus in Ordnung zu halten ist viel anstrengender als nur eine 3-Zimmer-Wohnung. In solch einem großen Haus sammelt sich so viel an. Das kann zu einer inneren Last werden.«
Frauen vergleichen sich – mit der Nachbarin, der Schwester, der Mutter, der Freundin, der Arbeitskollegin ...

Vielerlei Gedanken gehen ihnen dabei durch den Kopf:

- Wie sauber putzt sie die Wohnung?
- Wie viele Besuche macht sie?
- Wie oft kauft sie sich neue Kleidung?
- Wie oft geht die andere Familie in den Urlaub?

10

- Wie oft ist die andere Frau eingeladen? Wie oft haben sie Gäste?
- Wie hoch ist ihr Ansehen in der Gemeinde oder Stadt?
- Was für Hobbys pflegt sie? Wie gut kann sie kochen?
- Was für eine Figur hat sie und welche Fettpölsterchen habe ich dagegen?
- Was haben die anderen Familien am Wochenende gemacht?

Frauen vergleichen auch noch auf anderen Ebenen: z. B. die Ehemänner anderer Frauen mit dem eigenen. Die eine denkt: »Ach, wenn ich doch einen Mann hätte, der so schick gekleidet ist wie der meiner Freundin. Der macht doch gleich einen guten Eindruck.« Die Freundin mit dem schick gekleideten Mann seufzt: »Wenn mein Mann nicht so viel Wert aufs Äußere legen würde, dann könnte er eher im Haus und im Garten mithelfen und manches wäre weniger kompliziert.« Die Ebenen, auf denen wir vergleichen, sagen etwas über unsere Lebenswerte und -prioritäten aus. Sie signalisieren, was uns wertvoll und lohnend erscheint. Vergleichsmöglichkeiten gibt es auf fünf verschiedenen Ebenen[2]:

Etwas, das man besitzen oder haben kann:

- Lebensstandard, Reichtum und Besitz (wie Auto, Haus, Garten, Kleidung);
- äußere Erscheinung, der Körper und seine Erscheinung (Gewicht, Gesicht, Haare, Falten, Busen, Beine);
- Gesundheit, sportliche Fitness, Kondition.

Etwas, das man sein kann:

- eine beliebte oder bekannte Persönlichkeit; eine Person, deren Rat geschätzt wird;

11

- jemand, der ein angenehmes Verhalten hat;
- jemand, der sich mit seiner Persönlichkeitswirkung und dem Charakter positiv hervorhebt;
- jemand, der die Fähigkeit besitzt, sich in verschiedenen Milieus angemessen zu bewegen (z. B. in gehobenem Milieu, Jugendszene, unter Behinderten usw.);
- eine beliebte Mutter, Großmutter, Berufskollegin;
- eine perfekte Gastgeberin;
- eine herzliche, liebevolle Beraterin für andere;
- eine intelligente Frau.

Etwas, was man tun kann:

- Möglichkeiten, in den Urlaub zu fahren;
- Kraft und Vitalität; Chancen, seine Gaben und Fähigkeiten zu leben;
- Art und Weise der Beziehungsgestaltung;
- angstfrei mit unterschiedlichen Lebenssituationen umgehen;
- ein Haus oder eine Wohnung schön gestalten;
- Hobbys pflegen;
- sich im Beruf verwirklichen.

Etwas, das man bekommen kann:

- Liebe;
- Fürsorge;
- Aufmerksamkeit;
- Anerkennung;
- Geschenke;
- Prämien;
- Auszeichnungen;
- höheres Gehalt.

Etwas, das zu einem gehören kann:

- Ehepartner: seine Wirkung und Erscheinung in der Öffentlichkeit; seine Möglichkeiten, mich zu ergänzen, zu ermutigen, zu inspirieren;

12

- Kinder: ihr Können, ihre Noten, ihr Aussehen und Verhalten;
- Eltern: ihre Art und Weise, mich auf das Leben vorzubereiten und dafür fähig zu machen oder mich zu bremsen und zu binden;
- Freunde oder unterstützende Weggefährten, Sponsoren.

Die Ebenen des Vergleichens sind so vielfältig wie das Leben. Sie bringen wichtige menschliche Bedürfnisse und Sehnsüchte, u. a. auch Lebensziele, die uns wichtig sind, zum Vorschein.

Es kann sehr hilfreich sein, anhand der Ebenen des Vergleichens die eigenen Lebensziele zu überprüfen und möglicherweise auch zu korrigieren.
Wofür will ich und wofür soll ich leben?
Vielleicht gibt es Werte, Beziehungen, Charaktereigenschaften, die viel erstrebenswerter und wichtiger sind als meine bisherigen Ziele. (Dazu mehr in Kapitel 5.)

Vergleichen kann auch positiv sein

Über die negativen Folgen des Vergleichens wird noch viel die Rede sein: Neid, Minderwertigkeitsgefühle, Kritiksucht, Lästern, Undankbarkeit, Unzufriedenheit.
Es gibt aber auch Positives beim Vergleichen:
So kann das Vergleichen z. B. eine Hilfe sein
- in der Selbstfindung: *»So will ich oder kann ich oder soll ich auch leben.«*;
- in der Klärung der eigenen Ziele: *»Von diesem Menschen kann ich für mich und meine Lebensgestaltung lernen.«*;
- in der Abgrenzung von anderen: *»So will ich nicht leben, das passt nicht zu mir.«*

Das Vergleichen positiv nutzen zu lernen, gehört zu den großen Chancen des Lebens. Andere Menschen können Vorbilder sein, die uns helfen, uns zu entwi-

13

ckeln und zu entfalten, die uns inspirieren und uns neue Ziele weisen.
Ein Mann sagte: *»In meiner Ausbildung hatte ich einen Lehrer, der mir ein großes Vorbild war. Ich wollte von ihm lernen und später einmal so ähnlich werden wie er. Wenn ich heute zurückschaue, merke ich, wie viel Positives ich von ihm gelernt habe und dass ich ihm tatsächlich in vielem ähnlich geworden bin. Darüber freue ich mich.«*

Zwei Richtungen beim Vergleichen

Wie in den erwähnten Alltagsbeispielen und den nachfolgenden biblischen Geschichten deutlich wird, hat das Vergleichen immer zwei Seiten. *Eine* Person, die vergleicht und *eine*, die verglichen wird.

Für beide kann sich das negativ auswirken:
Die, die sich mit einer anderen Person vergleicht, fühlt sich schlechter oder minderwertiger oder sie endet in Abwertungsstrategien, Gehässigkeiten gegenüber der Person, die ihren Neid erregt.

Umgekehrt: Die, die bewundert oder beneidet wird, fühlt sich möglicherweise schuldig, dass sie durch ihr Verhalten, ihre Begabung oder Berufung anderen Menschen negative Gefühle verursacht.
Eine Frau sagt zu einer anderen: *»Wenn ich dich anschaue, fühle ich mich immer gleich so minderwertig.«* Dieser Satz ist einerseits ehrlich, kann aber auf die, an die dieser Satz gerichtet ist, so wirken, dass diese sich schuldig fühlt oder meint, sich rechtfertigen oder abwerten zu müssen: *»Das ist nicht so, wie es nach außen hin aussieht.«* Oder: *»Wenn du wüsstest, wie es in anderen Bereichen bei mir aussieht …«*
Vielleicht haben solche beneideten Frauen dann nicht mehr den Mut, ihre Begabungen zu leben, nur damit sie anderen Menschen durch ihr Verhalten oder Tun keine negativen Gefühle bereiten. Dann liegen Gaben

14

brach und die von Gott anvertrauten Talente werden nicht eingesetzt.
(In Kapitel 4, S. 85 wird darauf nochmals ausführlicher eingegangen.)

Vergleichen in biblischen Geschichten

Das Vergleichen ist so alt wie die Menschheit. Darum ist auch die Bibel voll mit Geschichten übers Vergleichen:

Kain und Abel

Schon ganz am Anfang (1. Mose 4,5) vergleicht Kain sich mit Abel. Interessant ist in der Geschichte von Kain und Abel, dass bereits die Eltern ein Kind dem anderen vorziehen. Dies wird in der Namensgebung deutlich. Kain bedeutet »er soll herrschen«; Abel bedeutet »Nichtigkeit, Hinfälligkeit«.[3] Kain ist also das bevorzugte und zudem noch das erstgeborene Kind. Erstgeborene Kinder wollen häufig die Ersten sein. Sie sind darum besonders anfällig für Eifersucht und Neid, wenn sie einmal die Erfahrung des Verlierens oder der Zurücksetzung machen.
Dies geschieht hier beim gemeinsamen Opfer. Gott zieht Abel vor. Das ist für Kain zu viel, diese Zurücksetzung kann er nicht verkraften. Nachdem Gott nicht so handelt, wie Kain es will, reagiert Kain trotzig wie ein kleines Kind. Er rächt sich an seinem Bruder und erschlägt ihn auf dem Feld. Kain schafft den aus dem Weg, der seinen Neid erweckt. »So steht Kain von Anfang an unter der Suggestion, dass ihm in allem das erste Recht gebühre. Der Wille zur Macht und die egoistische Selbstbehauptung, die ihm und auch uns im Blute liegen, erscheinen ihm legitim.«[4] Kain reagiert auch weiterhin trotzig und kindisch: »Soll ich meines Bruders Hüter sein?« Kain stellt sich mit dieser Aussa-

15

ge über Gott. Durch den Mord und die Folgen ist Kain sein Leben lang gezeichnet. Gott macht ein Zeichen an seine Stirn – das so genannte Kainszeichen. Kain ging daraufhin weg und wohnte im Lande Nod (das bedeutet »Ruhelosigkeit«). Kains Gott-losigkeit macht ihn auch menschen-los und heimat-los.[5]

Mirjam und Mose

Mirjam war an wichtigen Stationen von Moses Leben dabei und hat wesentlichen Anteil an Moses Überleben (2. Mose 2,4ff.). Als Älteste von drei Geschwistern möchte sie gerne vorangehen und führen, wie das viele älteste Kinder gerne tun. Aber Gott erwählt Mose, den Dritten aus der Geschwisterreihe, zum Führer seines Volkes. Darauf ist Mirjam so neidisch, dass sie beginnt, gegen Mose Intrigen zu schmieden. Mirjam macht Mose und seine Frau vor anderen schlecht, sie lästert über sie. Mirjam wird gehässig in ihrem Verhalten, blind für die Wirklichkeit – am Ende gehen ihr der Neid und die Missgunst so unter die Haut, dass sie krank wird. Gott schlägt sie mit Aussatz (4. Mose 12). Mose aber bleibt während des Konflikts demütig und wehrt sich nicht. Doch er wird von Gott in seinem Auftrag bestätigt und erbittet für Mirjam Heilung.

Saul und David

David wurde von Gott zum Nachfolger Sauls erwählt und zum König gesalbt, als Saul selbst noch König war. Daraus ergibt sich eine lange Geschichte von Angst, Misstrauen und Neid auf Seiten Sauls. Auch Saul will das Neidobjekt aus dem Weg räumen. Er will David umbringen, damit dieser nicht König werden kann (1. Samuel 18,8ff.). David muss immer wieder um sein Leben fürchten, flieht vor Saul und dessen Nachstellungen, bleibt aber in all diesen Verfolgungen immer

16

souverän (1. Samuel 24), bis Gott schließlich die Berufung bestätigt und David König wird.

Hanna und Peninna (1. Samuel 1)

Elkana hatte zwei Frauen, Hanna und Peninna. Hanna war seine Lieblingsfrau, aber sie hatte keine Kinder. Peninna dagegen hatte Kinder und demütigte Hanna deswegen. »Ihre Widersacherin kränkte und reizte (demütigte) sie sehr, weil der Herr ihren Leib verschlossen hatte.« Der tiefer liegende Grund dieser Kränkungen war aber vermutlich die Bevorzugung Hannas durch Elkana. Elkana »hatte Hanna lieb, obwohl der Herr ihren Leib verschlossen hatte« (1. Samuel 1,5).
Zwei Frauen und ein Mann. Eine der beiden wird bevorzugt. Das erregt Neid und Hass bei der Zurückgesetzten. Die Folge davon waren Demütigungen und Kränkungen von Seiten Peninnas. Hanna konnte wegen dieser Kränkungen nichts mehr essen und weinte nur noch.
Lesen wir die Geschichte weiter, zeigt sich, dass Hanna in diesem Konflikt sehr souverän handelt. Nach langer Zeit des Wartens und der Demütigungen wird ihr ein Kind geboren. Dieses Kind, Samuel, hat sie bereits vor der Geburt dem Herrn versprochen. Sobald Samuel entwöhnt, also abgestillt ist – vermutlich mit drei Jahren –, gibt sie ihn in den Tempel, um ihn dem Herrn zu weihen. Sie hat Gott dieses Kind in einem Gelübde versprochen: »... wirst du deiner Magd einen Sohn geben, so will ich ihn dem Herrn geben sein Leben lang« (1. Samuel 1,11). Welch ein souveränes Handeln: Dieses Kind, das sie sich so sehr gewünscht hat und nach dem sie sich so sehr gesehnt hat, dieses Kind, das auch ihr Stärke und Würde gegenüber Peninna gibt, gibt sie nun wieder dem Herrn zurück. Nur noch einmal im Jahr kann sie ihr Kind sehen. Doch dieses Kind wird später ein großer Prophet in Israel sein.

17

Fürsten und Statthalter gegen Daniel (Daniel 6,5)

Daniel wurde von Darius zum Fürsten eingesetzt und übertraf alle Fürsten und Statthalter an Weisheit und Klugheit.
Das rief Neid und Eifersucht der anderen hervor. Die Folge davon: sie wollten ihm durch üble Nachrede schaden. Weil sie nichts finden, das sie ihm vorwerfen können, lassen sie ein Gesetz in Kraft treten, das nur noch die Anbetung des Königs zulässt und das Gebet zu Gott verbietet. Daniel richtete sich jedoch nicht nach diesem Gesetz, sondern betete weiter dreimal täglich zu Gott. Nun sind die Neider scheinbar am Ziel: Daniel kann bestraft werden; er wird in die Löwengrube geworfen. Die Neider hoffen, sich auf diese Weise des souveränen und klugen Daniels entledigen zu können. Aber Daniel wird von einem Engel beschützt. Die Intrige kommt ans Licht, Daniel wird rehabilitiert, seine Verfolger werden bestraft.
Es kann uns weiterhelfen, das Verhalten derer zu betrachten, die durch Vergleichen, Neid oder Eifersucht von anderen in Gefahr geraten oder Demütigungen ausgesetzt sind. Die Souveränität im Verhalten der »Neidobjekte« ist ein hilfreicher Lösungsansatz über den Umgang mit dem Neidverhalten anderer.
(In Kapitel 4 wird darauf nochmals in besonderer Weise eingegangen werden.)

Die Urgeschichte: Abraham und Sara, Isaak und Rebekka, Jakob und Esau, Lea und Rahel, Josef und seine Brüder

Nachdem Abrahams verheißener Erbe zunächst lange ausbleibt (1. Mose 16), gibt Sara ihrem Mann ihre Magd Hagar, damit diese Abraham ein Kind gebären sollte. Dies war nach alttestamentlichem Verständnis durchaus legitim, weil eine Magd als Eigentum ihrer Herrin angesehen wurde und somit auch das Kind der Magd.

18

Als Hagar schwanger wird, sieht sie verächtlich auf Sara herab. Das wiederum treibt Sara dazu, mit Hagar in demütigender Weise umzugehen. Zweimal flieht Hagar vor Sara – einmal während der Schwangerschaft; ein zweites Mal, nachdem Isaak, Saras Sohn, geboren war. Das Motiv für Saras Verhalten war eindeutig Neid, entstanden aus dem Vergleichen. Sara beneidet Hagar. Zunächst, weil sie schwanger ist. Dann, weil Hagar Abraham einen Sohn (Ismael) geboren hat und ihr selbst das nicht möglich ist. Sara beginnt, Hagar zu »mobben«, so dass Hagar nichts anderes übrig bleibt, als zu gehen.

Isaak, der leibliche Sohn Saras, der dreizehn Jahre später tatsächlich geboren wird, wird eindeutig gegenüber Ismael, Hagars Sohn, bevorzugt. Dieses Verhalten setzt Isaak als Erwachsener wieder fort. Er heiratet Rebekka, die Tochter eines Cousins. Als den beiden Zwillinge (Jakob und Esau) geboren werden, bevorzugt Isaak Esau. Jakob dagegen wird von Rebekka verhätschelt.

So säen die Eltern durch die Bevorzugung jeweils eines Kindes unter den Brüdern Zwietracht. Es ist ein kleiner Familienkrieg im Gange. Jeweils ein Elternteil hat sich eines der Kinder auf seine Seite gezogen. Dieser Konflikt führt dazu, dass Jakob Esau betrügt und dann vor dessen Nachstellungen fliehen muss (1. Mose 27ff.).

Jakob heiratet in der Fremde zwei Schwestern, Lea und Rahel. Auch diese beiden stehen in einem unguten Vergleichs-Verhältnis zueinander. Lea war die ältere, aber weniger attraktive Schwester. Jakob aber hatte Rahel lieber als Lea. Lea gebar Jakob Kinder, Rahel nicht. Der Konflikt war da. Nachdem Rahel meinte, keine Kinder gebären zu können und Lea bereits vier Söhne geboren hatte, gab sie Jakob ihre Magd, Bilha. Diese gebar zwei Söhne. Darauf wurde Lea neidisch und gab ebenfalls ihre Magd, Silpa, Jakob. Silpa gebar auch zwei Söhne. Zwischen den Schwestern entstand ein uns seltsam anmutender Wettstreit darum, wer mehr Nachkommen für Jakob »beschaffen« konnte.

Nach den Geburten der ersten acht Kinder wurde Lea wieder schwanger und bekam noch drei weitere Kinder

19

(zwei Söhne und eine Tochter). Erst die letzten beiden Kinder Jakobs wurden dann von Rahel geboren – Josef und Benjamin, bei dessen Geburt Rahel starb. Josef wurde Jakobs Lieblingssohn, weil er von Jakobs heiß geliebter Rahel stammte. Insgesamt hatte Jakob also zwölf Söhne und eine Tochter von insgesamt vier verschiedenen Frauen.
Josef wurde – ebenso wie Rahel – von Jakob bevorzugt. Jakob setzte also das Verhalten fort, das er selbst als Kind erlebt hatte. Diese Bevorzugung erregt den Neid der Brüder und endet damit, dass sie Josef, Jakobs Lieblingssohn, beseitigen wollen. Das Neidobjekt soll aus dem Weg geräumt werden. Josef wird von den Brüdern in die Fremde verkauft und lebt dort viele Jahre getrennt von seiner Familie. Dem Vater wird erzählt, Josef sei von einem wilden Tier zerrissen worden. Fast scheint es, als wollten sich die anderen Söhne auf diese Weise beim Vater dafür rächen, dass er Josef jahrelang bevorzugt und ihnen nicht in gleicher Weise Liebe geschenkt hat. Eine lange Kette von Bevorzugungen und Neidgeschichten, die sich über Generationen in dieser Familie ereignet und fortgesetzt haben.

Die Beschreibung dieser Familiengeschichte macht deutlich: Wie wir uns in Beziehungen verhalten, auf welche Art wir vergleichen, konkurrieren oder beneiden, hat auch mit unserer familiären Biografie und Prägungen in unserer Kindheit zu tun (Umgang der Eltern mit den Kindern, mit Geschwistern und deren Rivalitäten; s. dazu Kapitel 3, S. 69ff.)

Auch im Neuen Testament sind Geschichten über Vergleiche aufgeführt:

Verlorener Sohn – der ältere Bruder (Lukas 15)

In Lukas 15 erzählt Jesus in einem Gleichnis von zwei Söhnen – einem älteren und einem jüngeren.

20

Der ältere Sohn erfüllt brav seine Pflicht und arbeitet auf dem Anwesen des Vaters. Er kommt möglicherweise überhaupt nicht auf die Idee, etwas anderes zu tun. Der jüngere Sohn aber bricht aus der Familientradition aus. Er fordert sein Erbteil und geht, verprasst das gesamte Geld und kommt abgerissen, zerlumpt und innerlich kaputt wieder nach Hause. Sein Vater vergibt ihm und nimmt ihn wieder als Sohn auf. Ja, er gibt ein großes Fest für seinen Sohn.

Der ältere Sohn erfährt davon, als er von der Arbeit eines langen Tages nach Hause kommt. Er kann nicht glauben, was er da sieht! Er wird unendlich neidisch und zornig.

Der Bruder, der alles Geld auf den Kopf gehauen hat, kommt wieder nach Hause und wird dafür auch noch mit einem Fest belohnt. Können wir die Gefühle des älteren Sohnes nicht auch verstehen? Er hat das Gefühl, etwas verpasst zu haben – ja sogar etwas verloren zu haben: die einzigartige Bevorzugung durch den Vater, deren er sich sicher war, weil er zu Hause geblieben ist und dem Vater treu gedient hat.

Doch nun bekommt der Bruder das Fest, das doch ihm als dem Braven und Gehorsamen eigentlich viel eher zustehen würde. Er reagiert wütend und verbittert.

Arbeiter im Weinberg (Matthäus 20,1ff.)

Eine ähnliche Geschichte finden wir in einem weiteren Gleichnis von Jesus über die Arbeiter im Weinberg. Frühmorgens werden die ersten Arbeiter eingestellt, der Lohn wird ausgehandelt: ein Silbergroschen als Tageslohn. – Dies war das Geld, das benötigt wurde, um einen Tag lang eine Familie zu ernähren.

Der Besitzer des Weinbergs geht den ganzen Tag immer wieder auf den Marktplatz und stellt jedes Mal Tagelöhner für diesen einen Tag als Arbeiter in seinem Weinberg an.

Am Abend kommt die Entlohnung. Die zuletzt einge-

21

stellten bekommen zuerst ihren Lohn: einen Silbergroschen. Das lässt die anderen, die früher eingestellt wurden, auf einen höheren Lohn hoffen. Doch auch sie bekommen nur einen Silbergroschen und reagieren neidisch. Jesus lässt den Besitzer des Weinbergs fragen: »Siehst du scheel (neidisch) drein, weil ich so gütig bin?« Alle haben doch genug bekommen.
Auch darin wird eine Art und Weise gezeigt, wie menschliches Miteinander funktionieren kann: sich an der Güte Gottes freuen, die er auch anderen zuteil werden lässt. Oder anders gesagt: anderen Menschen etwas gönnen können, sich mit ihnen freuen können.

Die Jünger von Jesus untereinander
(Matthäus 20,20)

Interessant, dass im selben Kapitel vom Neid der Jünger untereinander berichtet wird. Zuerst kommt eine der Mütter von zwei Jüngern zu Jesus und bittet für ihre Kinder um einen Sonderplatz im Himmel (rechts und links von Jesus). Jesus sagt sinngemäß zu der Frau: »Du weißt überhaupt nicht, um was du da bittest.« Das Gespräch wird von den anderen Jüngern »mitgehört«. Sie werden unwillig. Sie ärgern sich darüber, dass hier Sonderrechte ausgehandelt werden sollen.
Jesus sagt auch hier etwas, was uns für unser Thema hilfreich sein kann: »Wer unter euch groß sein will, der sei euer Diener« (Vers 26). Wahre Größe zeigt sich im Dienen, nicht im Prahlen oder Kämpfen um Rechte. Oder anders gesagt: Wer dienen kann, zeigt Größe.

Maria und Marta
(Lukas 10,38ff.; Johannes 11,1-44;
Johannes 12,1-3)

Von Maria und Marta wird an verschiedenen Stellen im Neuen Testament berichtet. Wenn wir alle Geschichten

22

im Zusammenhang lesen, wird eine Entwicklung in der Haltung von Marta deutlich.
Jesus besucht Maria, Marta und Lazarus.
Marta ist zuerst die, die (sich) vergleicht und daraufhin wütend über ihre Schwester wird. Marta arbeitet und schuftet in der Küche. Sie will ein exzellentes Gastmahl bieten und benötigt eigentlich die Hilfe ihrer Schwester dazu. Doch Maria sitzt einfach zu den Füßen von Jesus und hört ihm zu. Das ärgert Marta. Sie regt sich auf und will Jesus auf ihre Seite ziehen: »Herr, fragst du nicht danach, dass mich meine Schwester allein dienen lässt? Sage ihr doch, dass sie mir helfen soll.« Die Antwort von Jesus ist interessant.
Er wertet Marta nicht ab, sondern macht deutlich, dass er ihre Arbeit und Bemühungen sieht. Aber er hinterfragt ihre Lebensprioritäten: »Marta, Marta, du

23

hast viel Sorge und Mühe. Eins aber ist not, Maria hat das gute Teil erwählt; das soll nicht von ihr genommen werden.« Jesus zeigt Marta, dass sie von ihrer Schwester Maria lernen kann, dass Arbeit und Leistung bei weitem nicht das Wichtigste im Leben sind.
Marta wird in ihrer Haltung von Jesus deutlich hinterfragt. Dass dies Wirkung zeigte, lesen wir in Johannes 11 und 12.
Da wird Maria von Marta geradezu aufgefordert, zu Jesus zu gehen (Johannes 11,28). Marta hat also nichts mehr dagegen, ist auch nicht neidisch, dass Maria bei Jesus ist. In Kapitel 12 heißt es dann: Sie diente (Johannes 12,2) ohne Murren und Aufbegehren, während Maria zu den Füßen von Jesus sitzt und seine Füße mit Öl salbt.
Marta hat dazugelernt und gesteht ihrer Schwester zu, ihre Beziehung zu Jesus in anderer Weise zu leben, als sie selbst das tut. Maria sitzt zu seinen Füßen, Marta dient.

24

Kapitel 2

Die Fallen des Vergleichens

Die drei typischen Fallen oder Fehlhaltungen, in die wir beim Vergleichen geraten können, sind Neid, gekoppelt mit Undankbarkeit, Schuld- und Minderwertigkeitsgefühle sowie Überheblichkeit.

Diese Fehlhaltungen verursachen Konflikte und vergiften die Atmosphäre in unseren Beziehungen.
Um dies anschaulicher zu machen, sollen zunächst vier Grundeinstellungen im menschlichen Miteinander erklärt werden. Dies geschieht in Anlehnung an die Transaktionsanalyse[1]. Bekannt geworden ist diese vor einigen Jahren durch das Buch »Ich bin okay, du bist okay«[2].

Vier Grundeinstellungen zu anderen Menschen

Wie wir über uns und andere denken, wie wir uns und andere bewerten, kann in vier unterschiedlichen Grundeinstellungen erfolgen.
Je nach Beziehung und Situation, je nach Stimmungslage und bisherigen Erfahrungen können diese Grundeinstellungen wechseln. Menschen nehmen also nicht immer die gleiche Position ein. So kann es sein, dass wir mit manchen Menschen auf gleicher Ebene und in Würde umgehen können, dass wir uns als gleichwertig empfinden. In anderen Beziehungen oder in einer anderen Situation mit demselben Menschen können wir aber auch in eine der Fehlhaltungen abrutschen und uns oder den anderen abwerten oder überbewerten.

25

1. Ich bin okay – du bist okay (gesunde Position)

Menschen, die diese Grundeinstellung haben, wissen um ihren eigenen Wert, um ihre Liebenswürdigkeit. Sie wissen sich geliebt und kennen die Würde, die Gott ihnen schenkt. Ebenso wissen sie, dass dasselbe auch für ihr Gegenüber gilt. *»Mit mir hat es seine Richtigkeit, und du bist mir recht, so wie du bist.«* Die Gewissheit, dass ich und die / der andere gleichwertig sind, trägt die Beziehung.
Beide sehen sich auf der gleichen Ebene.
Menschen aus so gestalteten Beziehungen gehen mit Missverständnissen unkompliziert um. Sie brauchen sich nicht ständig zu rechtfertigen. Sie können Fehler anderer Menschen vergeben und wissen, dass der andere trotz seiner Fehler ein Mensch mit Würde und

26

Wert ist. Was für mich selbst gilt, gilt auch für den anderen: geliebt trotz Fehler und Schwächen. Aber auch: von Gott begabt und in einen Auftrag gerufen.
Wer um das Geliebt- und Gewürdigtsein vor Gott weiß und um die eigene Berufung, kann mit anderen Menschen gelassen und fair umgehen.

2. Ich bin nicht okay – du bist okay (depressive Position)

Diese Grundeinstellung kommt beim Vergleichen sehr häufig zum Tragen. *»Du bist zwar okay, bei dir ist sicher alles in Ordnung, aber bei mir stimmt es nicht. Ich stelle mich unter die anderen, fühle mich minderwertig. Ich mache*

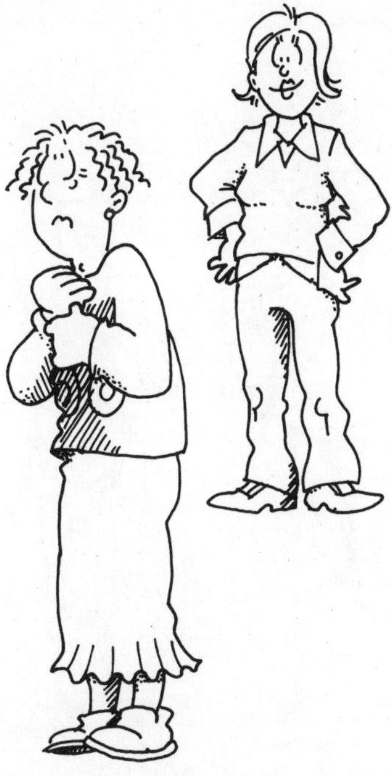

mich klein, weil ich die anderen als besser, mächtiger, intelligenter, wichtiger empfinde.« Die Folge ist ein Abrücken, ein innerer oder äußerer Rückzug, Minderwertigkeitsgefühle und Schuldgefühle.
Diese Haltung führt häufig dazu, dass Menschen Dienen oder Demut falsch verstehen – als eine Unterwerfung unter andere. Der Gedankenmechanismus lautet: *»Da die anderen sowieso besser sind, dürfen sie über mich verfügen und bestimmen. Ich habe kein Recht, meine Bedürfnisse oder Meinung zu äußern. Ich muss ausgenutzt werden, das ist meine einzige Berechtigung.«*

3. Ich bin okay – du bist nicht okay (autoritäre Position)

28

»Ich bin in Ordnung, aber mit dir stimmt etwas nicht. Ich weiß sowieso besser, was richtig ist, wie etwas sein sollte, wie das Leben zu gestalten ist.« Der andere erscheint in meinen Augen unmöglich. Ich lehne den anderen ab und bin überzeugt, dass meine Position die richtige ist. Das bedeutet auch, dass ich zwischen der Sache und der Person nicht trennen kann. Ich werte nicht das Verhalten des anderen ab, sondern ich werte den ganzen Menschen grundsätzlich ab. Damit vertiefe ich Gräben und schiebe ihn ab. Eine solche Haltung steckt meistens hinter Nörgeln, Kritisieren und Lästern.

4. Ich bin nicht okay – du bist nicht okay (nihilistische Position)

»Mit mir stimmt etwas nicht, und mit dir ist auch etwas nicht in Ordnung.« Diese Einstellung kann z. B.

29

zu Schuldzuweisungen führen. Andere sind schuld daran, dass es mir so schlecht geht. *»Ich bin nicht okay, weil du nicht okay bist und mir geschadet hast.«* Auch Rachehandlungen, Selbstzerstörung, unerklärliche Wutausbrüche und Schadenfreude können die Folge sein. Die Ursache für eine solche Haltung ist meistens Selbstablehnung bis hin zu Selbsthass. Der Grund dafür liegt oft in Kindheitserfahrungen, die tief verletzend waren: Demütigungen, Missbrauch, Entwürdigungen. *Weil es einem selbst nicht gut ergangen ist, soll und darf es anderen auch nicht gut gehen. Weil mir nie etwas gegönnt wurde, kann ich anderen auch nichts gönnen.*

In den nachfolgenden Ausführungen wird immer wieder auf diese Grundeinstellungen Bezug genommen. Das Wissen darum hilft uns bei der Klärung unserer inneren Motive und weist uns Wege aus den Fallen heraus.

Falle 1: Neid

Neid gilt als unanständig, primitiv und unsozial. Deswegen wird Neid verschwiegen oder verleugnet. Aber er ist dadurch, dass man ihn verdrängt, nicht aus der Welt geschafft. Im Gegenteil: Alles, was wir verdrängen, holt uns ungewollt und oft umso mächtiger wieder ein. Es wirkt auf unser Denken und Fühlen, auf unseren Körper und auf unser Verhalten.

30

Wirkung des Neids auf Denken und Fühlen

Hinter Neid steckt oft das Gefühl, zu kurz gekommen zu sein, nicht genug bekommen zu haben, nicht genug geliebt worden zu sein.
Der Trugschluss heißt dann: *»Alles würde sich ändern, wenn ich das Gleiche hätte oder könnte wie meine Nachbarin, Freundin oder ...«*
Die eigenen unerfüllten Sehnsüchte werden im anderen »imaginiert« (bildhaft vor Augen geführt): Ich stelle mir vor, der oder die andere hat all das, was ich mir wünsche und was ich nicht habe. Alle meine eigenen tiefen Sehnsüchte und Wünsche sind bei anderen erfüllt und vorhanden. Doch stimmt das wirklich?

Es geschieht eine innere Fixierung auf das angeblich Bessere des anderen. Die Folge davon ist, dass man sich am eigenen Leben und den damit verbundenen Möglichkeiten nicht mehr richtig freuen kann.
Die vorherrschende Grundeinstellung ist hier: *Du bist okay, ich bin nicht okay.*

Neid verengt unsere Sichtweise. Er ist sogar eine Form der Blindheit. Denn wir werden mit der Zeit völlig blind für all das Gute, das wir schon im Leben bekommen haben und sehen nur noch das, was wir nicht haben oder haben können. Das Gedankenmuster ist dann: *»Was der andere hat, ist besser als das, was ich habe. Ich gehöre zu den zu kurz Gekommenen.«*

Fixiert ein Mensch sich zu sehr auf Neid und verliert er den Blick für das Besondere und Schöne, dann hat das eigene Leben bald nichts Besonderes mehr zu bieten. Nichts Neues, Interessantes, Anregendes wird mehr erwartet. Alles Eigene wird belanglos, freut einen nicht mehr. Denn alles vermeintlich Interessante und Schöne ist – bei den anderen!

31

Verena Kast[3] beschreibt Neid als ein zusammengesetztes Gefühl aus Trauer, Wut und Hass. Trauer über die Möglichkeiten, die man selbst nicht hat. Wut auf sich selbst oder auf die Lebensumstände wegen der verbauten Möglichkeiten. Hass auf die Menschen, die etwas haben oder sind, was man selbst gerne hätte oder wäre. Neid bedeutet nach Verena Kast[4]: *»Ich bin nicht mehr einverstanden mit mir selbst, darum muss ich entweder meine Vorstellungen vom Leben verändern oder mein Leben.«*

In seiner Stimmungslage ist ein neidischer Mensch eher unfroh, missmutig, gereizt. Er strahlt eine Art Frostigkeit aus. Er findet keine Ruhe[5]. Das kann sich bis hin zu Schlafstörungen auswirken.
Hinter innerer Leere, Aggressionen oder Abwertung von Dingen oder Menschen steckt oft ein verdrängter oder verborgener Neid.
»Neidische Menschen haben keine Freude, höchstens Schadenfreude. Neidische Menschen setzen sehr viel Lebenskräfte zur Abwehr von allem Lebendigen ein.«[6] Sie berauben sich damit der Lebenskraft und Lebensfreude. Neid ist ein Kreativitätshemmer ersten Grades.

Neid verhindert eine Auseinandersetzung mit sich selbst und dem eigenen Leben. Denn im Neid wird ein Mensch auf das angeblich Bessere der anderen fixiert. Neid kann auch krankhafte Formen annehmen. Er kann einen Menschen so komplett in Beschlag nehmen, dass er kein Interesse mehr daran hat, seine Situation zu verbessern oder den Konflikt zu lösen. Dieser Mensch hat sich so an die Neidmuster gewöhnt – sie gehören so zu seinem alltäglichen Leben –, dass alle Energie von Neid oder Eifersucht aufgebraucht wird.
Dabei entsteht ein ähnlicher Effekt wie bei manchen Krankheiten (psychischer oder körperlicher Art): Ich bin so beschäftigt mit meinen Krankheiten und kann auch andere Menschen damit auf Trab halten, dass sich daraus eine alltägliche Gewohnheit entwickelt. Vertraute Abläufe entstehen, die meinem Alltag Sinn und Inhalt

32

geben. Dieser Sinn ist zwar negativ, aber immerhin wird mein Alltag strukturiert. Ich habe zudem die Möglichkeit, Menschen an mich zu binden und von ihnen etwas zu fordern. Vor allem in der Suchtproblematik finden wir solche Verstrickungen in Abhängigkeit und Co-Abhängigkeit. Ähnliches kann bei Neid entstehen. »Je intensiver und zeitlich ausgedehnter Menschen mit der inneren Dynamik ihrer Eifersucht und oft mit dramatischen Szenen in der jeweiligen Beziehung beschäftigt sind, desto weniger investieren sie in die Lösung tatsächlich vorhandener Probleme der Beziehung.«[7]

Körperliche Wirkung von Neid

Permanent neidische Menschen haben ein bestimmtes körperliches Erscheinungsbild:
Sie strahlen wenig Wärme aus und zeigen wenig Bewegung. Oft sind sie düster im Blick und Gefühl. Die positive Leidenschaft für etwas fehlt ihnen.
Neid schränkt die Vitalität ein. Die Folge davon sind verengte Blutgefäße, Blässe, Kälte, dünne Lippen[8], Lispeln oder Stottern.
Alle Organe, die mit Empfangen oder Geben in Verbindung stehen, sind bei Neidpersönlichkeiten häufig gestört: also Augen, Verdauung und Haut[9], Atemwege.
So ist es durchaus verständlich, dass Neid auch psychosomatische Störungen hervorrufen kann: Magenschmerzen, Appetitlosigkeit, Gallenleiden (man wird »grün« oder »gelb« vor Neid), hoher Blutdruck, Schwitzen, Herzrasen, Atemnot. In Sprüche 14,30 heißt es: »Eifersucht ist wie Eiter in den Gebeinen.«

Wirkung von Neid auf das Verhalten

- **Abwertung anderer Menschen** durch z. B. Lügen, üble Nachrede, Lästern, Verleumdung oder Streuen von Gerüchten. Durch falsche Behauptungen oder verletzende Aussagen sollen die Beneideten lächerlich gemacht werden. *»Wie die heute mal wieder aussieht, sich kleidet …«*

- **Rachefantasien oder Rachehandlungen:** Mirjam machte Mose und seine Frau aus Neid schlecht (siehe S. 16) und rächt sich so an Mose für dessen Bevorzugung.

- **Zerstörung von Dingen oder Menschen:** Der beneidete Vorgarten des Nachbarn wird verwüstet. So verschwindet der Anlass zum Neid und Schadenfreude bleibt übrig. *»Anderen soll es nicht besser gehen als mir«*, ist der Gedanke, der dahinter steckt. Die Söhne Jakobs wollen Josef verschwinden lassen, damit der Vater ihn nicht mehr bevorzugen kann und die Brüder im Vergleich nicht mehr schlechter dastehen (siehe S. 20).

- Auch **Selbstmord** kann eine Form der Rache sein. Dahinter steckt der Wunsch, die uns Nahestehenden durch Schuldgefühle zu quälen[10].

- **Stalking** bezeichnet die zwanghafte Verfolgung oder Belästigung eines Stars oder einer bewunderten Persönlichkeit gegen deren Willen. Der Begriff stammt aus der englischen Jagdsprache und bedeutet ursprünglich »sich an ein Wild heranpirschen«[11]. Typische Stalking-Verhaltensweisen sind Telefonterror, ausufernde Kontaktversuche per Brief oder E-Mail, Auflauern, tagelange Belagerung des Hauses, Verfolgung bis hin zu Sachbeschädigungen und körperliche Gewalt. Stalking richtet sich fast ausschließlich auf sozial höher gestellte Personen[12]. Es ist der Wunsch der Fans, durch solches Verhalten Anteil am Leben der Bewunderten und Beneideten zu bekommen oder Teil deren Lebens zu werden, um dadurch selbst Aufwertung zu erfahren. *»Ich komme vor in deren Leben. Ich beschäftige diese; ich werde von ihnen beachtet.«*

34

• **Mord oder Mordgedanken:** Kain ermordet Abel aus Neid. Der hintergangene Esau will seinen Bruder Jakob umbringen, weil er ihn um den erschlichenen Segen beneidet. Jakobs Söhne wollen den beneideten Josef umbringen. Das leitende Motiv sind Rachegefühle für erlittene Ungerechtigkeit: Wenn der andere vernichtet wird, ist damit all das, was Neid erwecken kann, all das, was die eigene Unfähigkeit oder Minderwertigkeit vor Augen führt, vernichtet und verschwunden.

• **Misstrauen:** Menschen mit der Grundeinstellung *»Ich bin nicht okay, du bist nicht okay«* sind besonders schnell misstrauisch. Ihr Hintergedanke: *»Die anderen können mir schaden, mir etwas nehmen, sich an mir bereichern. Weil ich anderen nichts gönne, werden die anderen auch mir nicht gut begegnen.«*

• **Kontrolle anderer Menschen:** Fantasien über Taten oder Fähigkeiten anderer Menschen treiben neidische oder eifersüchtige Menschen dazu, andere übermäßig zu beobachten und zu kontrollieren. Der Trugschluss dahinter heißt: *»Je mehr ich kontrolliere, desto mehr Macht habe ich über den anderen und auch über das, was ich beneide.«* Derjenige, der kontrolliert wird, zieht sich zum eigenen Schutz aber immer mehr zurück. Dies wiederum wird vom Eifersüchtigen als Beweis für die Richtigkeit seines Misstrauens gewertet[13]. Damit schaffen sich Neidische oder Eifersüchtige Situationen, die ihr Verhalten (Kontrolle oder Abwertungen) scheinbar rechtfertigen oder bestätigen. *»Der andere ist so. Ich kann ihm nicht vertrauen. Darum muss ich ihn kontrollieren.«*

• **Einsamkeit:** Die Folge solchen Neid-Verhaltens ist häufig Einsamkeit. Ein Leben, das aus misstrauischer Abgrenzung zu anderen Menschen besteht, führt zu einem einsamen Lebensstil. »Auch Gemeinschaftsgefühl, Nächstenliebe und Verantwortung bleiben

35

dabei auf der Strecke.«[14] *»Die anderen mögen mich sowieso nicht, also bleibe ich weg.«*

Nimmt der Neid solche starken, fast krankhaften Formen an, dann ist die vorherrschende Grundeinstellung anderen Menschen gegenüber: *Ich bin nicht okay, du bist nicht okay.*

Falle 2: Minderwertigkeits- und Schuldgefühle

Beim negativen Vergleichen bekommen wir einen »Knick in unsere Optik«: Wir schauen andere Menschen und deren Lebensumstände wie durch ein Fernglas an. Die uns nahen Menschen (Ehepartner oder

36

Kinder, Eltern oder Geschwister) dagegen wie durch eine Lupe.
Mit dem Fernglas sieht alles recht schön, vielleicht sogar optimal aus. Mit der Lupe dagegen sieht man jede Unebenheit, jeden Fehler. Können wir diese beiden Eindrücke einfach so nebeneinander stehen lassen und vergleichen?
Wohl nicht: Die guten Seiten bei den anderen – das Glänzende und Faszinierende – und die schlechten Seiten unseres Lebens – unsere Konflikte und Probleme, unser Ärger und unsere Mängel – sind Dinge, die wir nicht vergleichen können.
Die eigenen Kinder, der Ehepartner oder unsere Lebensumstände kommen bei solchen Vergleichen in der Regel schlechter weg. Die Folge: Minderwertigkeits- oder Schuldgefühle.
Minderwertigkeitsgefühle entstehen, wenn wir uns selbst herabsetzen oder schlecht machen. Das Schuldgefühl ist die Steigerung des Minderwertigkeitsgefühls. In Gedanken folgern wir: *»Ich bin selbst schuld, dass ich minderwertig bin. Ich habe es nicht besser verdient.«*
Die vorherrschende Grundeinstellung hier: *»Du bist okay, ich bin nicht okay.«*

Schuldgefühle und ihre Entstehung

»Wenn ich ein Schuldgefühl empfinde, bin ich auch schuldig oder etwa nicht?« So denken viele Menschen. Ein Schuldgefühl kann, muss aber nicht unbedingt mit konkreter Schuld zu tun haben. Es gibt Menschen, die sich ständig schuldig fühlen, obwohl sie nicht unbedingt etwas Falsches getan haben. Andere dagegen, die bewusst Schuld begehen, empfinden dabei keine Schuldgefühle. Sie sind vielleicht in einem Milieu aufgewachsen, in dem kein Unrechtsbewusstsein bei Fehlverhalten (wie Diebstahl oder Lügen) ausgebildet wurde. Für das Entstehen von Schuldgefühlen sind verschiedene Faktoren ausschlaggebend, z. B.:

37

- **Erziehungsstil in der Herkunftsfamilie:** Wurden z. B. Schuldzuweisungen von den Eltern permanent als Druckmittel oder Erziehungsmittel eingesetzt, wird von klein auf gelernt: *»Wenn irgendetwas nicht klappt, bin ich selbst schuld. Darum muss ich besser werden oder perfekt sein, um gelobt und geliebt zu werden.«* So entsteht das Gefühl: Versagen ist schlecht. Fehler sind unverzeihlich und werten mich ab. Schuldgefühle werden darum häufig aus der Angst geboren, die Liebe der Eltern zu verlieren.[15]

- **Geschwisterposition:** Erstgeborene Kinder sind stärker von Schuldgefühlen betroffen als Kinder in anderen Geschwisterpositionen. Das liegt daran, dass erstgeborene Kinder von klein auf in die »verantwortliche« Position gestellt werden. Auch im Erwachsenenalter definieren sich diese Menschen schnell als zuständig bzw. verantwortlich für alles, was um sie herum geschieht. Meistens sind sie es, die die Initiative ergreifen, um etwas zu verändern, zu melden, zu verbessern, zu korrigieren. Im Gegenzug empfinden sie bei Versagen oder Problemen Schuld am Misslingen.

- **Zu hohe Erwartungen:**

  Nachfolgende Erwartungen machen sich häufig Frauen zu Eigen:

- eine gute Mutter und gleichzeitig berufstätig sein;
- vor den Nachbarn gut dastehen;
- einen gepflegten, unkrautfreien Garten vorweisen;
- viele Freunde haben und diese Beziehungen pflegen;
- sportlich fit sein und möglichst schlank – am besten wie die Models in Zeitschriften oder Fernsehen;
- ein oder mehrere Hobbys haben;
- sich geistig fit halten und belesen sein;
- mehrmals im Jahr in Urlaub fahren können;
- gut eingerichtet sein und einen perfekt gestylten

38

Haushalt vorweisen können – möglichst immer wieder orientiert am neuesten Trend;
- häufig Gäste einladen und angemessen repräsentieren;
- wohlerzogene oder wohl geratene Kinder »vorzeigen« können, die ein positives Licht auf die Eltern werfen.

Viele Frauen denken: So sollte ich eigentlich sein, dann wäre ich okay? Durch den Wunsch, all diese Erwartungen zu erfüllen, setzen sich Frauen aber immens unter Druck. Sie messen sich an diesen Erwartungen, hetzen einem Idealbild hinterher und scheitern unweigerlich an den zu hoch gesteckten Zielen. Die Folge sind Minderwertigkeits- und Schuldgefühle.

Ein Schuldgefühl ist in diesem Fall das Empfinden des Unterschieds zwischen den Erwartungen und der Wirklichkeit. Die Kluft zwischen Ideal und Ist-Zustand, zwischen den hohen Zielen und dem, wie ich mein Leben vorfinde. »Ein Mensch empfindet jedes Mal dann ein Schuldgefühl, wenn er eine Niederlage in einer Sache erleidet, mit der er sich identifiziert hat«, so P. Tournier.[16] Wenn wir uns also mit (zu hohen) Zielen identifizieren und unseren Selbstwert davon abhängig machen, wie wir diesen Zielen gerecht werden, dann empfinden wir beim Scheitern oder Misslingen Schuldgefühle.
Woher kommt also das Schuldgefühl? Von unserem Scheitern oder vielleicht doch eher von den zu vielen und zu hoch gesteckten Zielen?

Konkrete Schuld: Natürlich kann ein Schuldgefühl auch mit konkreter Schuld zu tun haben: z. B. das Übertreten eines Gebotes; liebloses oder egoistisches Handeln oder wenn wir Menschen mehr gehorchen als Gott.

39

Schuldig werden gehört zum Menschsein. Christus ist in diese Welt gekommen, um uns von unserer Schuldverstrickung zu erlösen und zu befreien und der Selbstverdammung ein Ende zu setzen. Er ist für unsere Schuld gestorben. Darum: »So gibt es nun keine Verdammnis für die, die in Christus Jesus sind« (Römer 8,1). »Wo aber die Sünde mächtig geworden ist, da ist doch die Gnade noch viel mächtiger geworden« (Römer 5,20). Christus bietet uns seine Vergebung an. Das bedeutet, dass wir nicht bei Schuldgefühlen, Depression und Aggression, Minderwertigkeitsgefühlen und Selbstverurteilung stehen bleiben müssen. Wir können davon frei werden und dürfen neu beginnen. Die eigene Abwertung hat ein Ende, weil Christus uns aufwertet. Durch seine Vergebung haben wir die Chance zum Neuanfang – auch in der Beziehung zu anderen Menschen.

Christus ist gerade deswegen auf diese Erde gekommen, um uns seine Vergebung und einen Neuanfang zu schenken. Alles können wir bei ihm abladen und neu aufatmen, einen neuen Blick, einen weiten Horizont bekommen – und in Gottes Zuspruch auch neu Würde und Wert empfangen.
Viele Stellen in der Bibel berichten uns davon, dass Gott oft Sündern oder Menschen, die sich minderwertig fühlten, eine Aufgabe anvertraut:
»Ein Mörder war es, den Gott erwählte, um sein Volk zu führen. ... Mose, der in die Verbannung fliehen musste, um der gesellschaftlichen Missbilligung und dem Gericht des Königs zu entgehen, zudem ist er schüchtern, ›nicht wohl beredt‹ und zweifelt an sich selbst (2. Mose 4,10). Gideon, einen Verachteten, wählte Gott zum Richter und Heerführer. Einen bescheidenen Mann, der ausrief: ›Mein Geschlecht ist ja das jüngste in meines Vaters Haus‹ (Richter 6,15).
Was für eine Antwort für alle, die von Minderwertigkeitsgefühlen erdrückt werden.
Es ist ein Knabe, Samuel, den Gott erwählte, um dem Priester Eli sein bevorstehendes Gericht anzukündigen

40

und um später aus ihm einen Propheten und Führer seines Volkes zu machen. Einen einfachen Hirten, David, verachtet und verfolgt von Saul, erwählte Gott zum König an Sauls Stelle (1. Sam 16,6-13). Er ist der bescheidenste von all seinen Brüdern, und sein Vater Isai hatte sogar vergessen, ihn dem Propheten vorzustellen; denn er war auf dem Feld und hütete die Schafe. Daher schien es dem Propheten unglaubwürdig, dass Gott dieses schmächtige Kind seinem großen, schön gewachsenen Bruder Eliab vorziehen würde. Gott musste, um ihn zu überzeugen, zu ihm sagen: ›... ein Mensch sieht, was vor Augen ist; der Herr aber sieht das Herz an‹ (1. Sam 16,17).«[17]

Oft haben wir uns so sehr an unsere Minderwertigkeits- und Schuldgefühle gewöhnt, dass wir krampfhaft daran festhalten. Sie sind uns vertraut, zur Gewohnheit geworden und haben tiefe Spuren in unseren Empfindungsmustern und Gedankenabläufen hinterlassen.

Folgen der Schuldgefühle im Umgang mit anderen

Gestörte Kommunikation

Verfestigen wir diese Haltung von Selbstabwertung und Schuldgefühlen, hat dies für das Miteinander in Familien oder anderen Beziehungen negative Auswirkungen. Wir reagieren selbstabwertend: »*Ich bin ja immer die Dumme. Ich bin ja sowieso an allem schuld.*« Meinungsverschiedenheiten können auf diese Weise nicht ausgetragen werden, weil wir uns sofort angegriffen oder als Opfer fühlen. So verweigern wir faires Streiten und hilfreiche, klärende Auseinandersetzungen. Das Zusammenleben mit uns wird mühsam und frustrierend. Die zugrunde liegende Einstellung: *Ich bin nicht okay.*

Dieses Verhalten ist eine Form des Ungehorsams gegenüber Gott, weil wir uns bewusst gegen seine Erlö-

41

sung und Befreiung stellen. Stattdessen klammern wir uns an unseren Schuldgefühlen und den damit verbundenen Mechanismen der Selbstabwertung fest. Wir verleugnen sein Sterben und seine Auferstehung für uns und darin auch die Chance zu einem neuen positiven Selbstbewusstsein, zu einem freundlichen offenen Umgang mit anderen.

Erpressbarkeit

Beispiel:
Eine Mutter hatte Ärger mit den Kindern, hat diese angeschrien oder vielleicht auch geschlagen. Schon bald tut ihr dieses Verhalten Leid, sie will es wieder gutmachen. Die Folge sind Wiedergutmachungstendenzen: Sie verhält sich anders als sonst, weicher und nachgiebiger, erlaubt den Kindern mehr als üblich. Sie möchte bei den Kindern einen besseren Eindruck hinterlassen, ihr Image aufbessern, um ihr Schuldgefühl loszuwerden. Die Kinder spüren die Unsicherheit und nutzen das dann oft in besonderer Weise aus. Sie betteln. Die Chance, es genau jetzt zu bekommen, was ihnen sonst nicht zugestanden wird, ist besonders hoch. Die Mutter gewährt es ihnen und ärgert sich gleichzeitig, weil sie sich in dem Zustand des Schuldgefühls ausgenutzt fühlt. Sie spürt: Ich bin erpressbar geworden. Ein Teufelskreis.
Viel besser ist es in so einem Fall, sich nicht durch Nachgiebigkeit, Willkür und Wiedergutmachungstendenzen selbst aufzuwerten, sondern sich wirklich bei den Kindern zu entschuldigen, sie um Vergebung zu bitten, aber dann trotzdem weiter eindeutig mit ihnen umzugehen, nicht von den Erziehungszielen abzurücken, nicht heute dies und morgen anderes zu vermitteln.

Falsche Bindung an Kinder

Beispiel:
Wenn Kinder erwachsen werden und aus dem Haus gehen, hat die Erziehungszeit einen abgeschlossenen, endgültigen

42

Charakter. Eltern vergleichen dann möglicherweise das »Ergebnis« ihrer Erziehung mit den anfänglichen Zielvorstellungen. »Das habe ich mir so anders vorgestellt, als unsere Kinder klein waren. Ich hatte bestimmte Vorstellungen von meinen großen Kindern: wohlerzogen und gepflegt, gebildet und erfolgreich.«

Sehr schnell können dann auch Schuldgefühle aufkommen und blockieren. Mütter denken dann oft, sie müssten etwas wieder gutmachen, etwas nachholen, etwas verbessern. Sie fühlen sich schuldig, weil sie meinen, sie hätten etwas in der Beziehung zum Kind versäumt. Dann können sie eben wegen der Schuldgefühle nicht loslassen. Sie versuchen, sich selbst durch Ratschläge aufzuwerten oder wollen die Kinder durch Versprechungen an sich binden: *»Wenn du noch ein bisschen hier bleibst, bekommst du ein Auto.«*

Kinder spüren die Schuldgefühle der Mutter oder des Vaters – und fühlen sich dadurch an die Eltern gebunden: *»Wenn ich gehe, fühlt meine Mutter ihr Versagen oder ihre Einsamkeit.«* Oder: *»Es wäre gemein zu gehen. Meine Eltern meinen es doch nur gut mit mir.«* Oder: *»Ich bin daran schuld, wenn es meiner Mutter schlecht geht.«*

So bekommen Kinder in der Phase, in der sie Flügel brauchen, durch die Schuldgefühle der Mutter oder des Vaters Ketten angelegt.

Falle 3:
Überheblichkeit und Nörgeln

Beispiele:

Wir vergleichen Vorgänger mit Nachfolgern und Nachfolger mit Vorgängern. Je nachdem wie der Vergleich ausfällt, kann es für den Nachfolger schwierig werden. Er wird durch entsprechend hohe Erwartungen unter Druck gesetzt. Wird er den Erwartungen nicht gerecht, schlagen ihm Enttäuschung oder Unzufriedenheit entgegen.

43

Menschen, die miteinander in einem Team arbeiten, vergleichen einander und messen sich aneinander. Ein Chef vergleicht seine Mitarbeiter miteinander oder misst sie an bestimmten Idealvorstellungen und hohen Standards. Eltern vergleichen ihre Kinder miteinander und setzen den Vergleich oft auch als Erziehungsmittel ein: *»Warum kannst du nicht so ordentlich sein wie deine Schwester?« »Warum bringst du nicht so gute Noten wie dein Bruder?« »Warum kannst du nicht so höflich sein wie ...?« »Warum fragst du nicht mal von dir aus, ob du etwas helfen kannst? Deine Schwester macht das doch auch ...«* Mit solchen Vergleichen wird ein Kind schlechter gemacht als das andere. Das angeblich bessere Kind wird zum Maßstab.

Das bedeutet auch, dass wir ein Idealbild vor Augen haben, wie jemand zu sein hat. Vielleicht vergleichen wir unsere Kinder mit den Kindern von Freunden. Doch auch hier erliegen wir der schiefen Optik (Fernglas und Lupe). Wir vergleichen die Schwachstellen der eigenen Kinder mit den Stärken und Begabungen der anderen.

Sobald wir innerlich auf einen Idealzustand fixiert sind, wie der andere zu sein hat, zerstört das unsere Beziehungen. Unzufriedenheit vergiftet die Atmosphäre. Der andere wird es mir nie recht machen. Wir messen mit Maßstäben, die ihm nicht entsprechen. Die Folge: Wir kanzeln ab, nörgeln, kritisieren.
Die zugrunde liegende Einstellung: *Ich bin okay und du bist nicht okay.*

Gerade nach dem Besuch bei Freunden, bei denen uns alles so viel besser oder optimal erscheint, gibt es zu Hause hinterher oft Streit.

Beispiel:
Eine Familie besucht eine andere. In Gedanken vergleicht die Mutter ihre Kinder mit den Kindern, die besucht wer-

44

den. Die anderen erscheinen ihr wohlerzogener, intelligenter, sprachlich gewandter, in der Schule besser, höflicher im Umgang mit der Mutter, bescheidener, nicht so aggressiv wie die eigenen, freundlicher usw.

Sofort fühlt sie sich schuldig und minderwertig. Sie ist voller Komplexe und denkt: *»Hätte ich meine Kinder anders erzogen, dann wäre das Ergebnis jetzt besser ...«*

Die Folge ist entweder Depression (Minderwertigkeits- und Schuldgefühle) oder Aggression (Nörgeln, Kritisieren):

»Habt ihr gesehen, wie XY das machen? Wie sie miteinander umgehen? Wie sieht's dagegen bei uns aus?«

Wir fangen an zu nörgeln, zu kritisieren, wir werden misslaunig – vielleicht auch wütend, weil die anderen nicht so sind, wie sie unserer Meinung nach sein sollten. Die zugrunde liegende Einstellung: *Ich bin nicht okay – du bist nicht okay.*

Auch in der Ehe gibt es solches falsches Vergleichen.

Frau S. beobachtet, wie ihre Nachbarin vom Einkauf nach Hause kommt. Der Mann kommt ans Auto und hilft ihr beim Ausladen der schweren Einkaufstaschen und Getränkekisten. Sofort fällt Frau S. ein, dass sie das immer alleine tun muss. Heimlich gewinnt in ihr der Gedanke Raum, dass es doch viel besser wäre, mit einem so hilfsbereiten und netten Mann verheiratet zu sein wie der ihrer Nachbarin. So wie der Nachbar sollte Frau S.' Mann auch sein. Diese Gedanken treiben Frau S. den ganzen Tag um. Am Abend, als ihr Mann nach Hause kommt, ist sie frustriert und verärgert und hält ihm vor, dass er immer noch nicht den tropfenden Wasserhahn repariert hat. Der Mann ihrer Nachbarin repariert den Wasserhahn natürlich immer sofort – denkt Frau S. Der Nachbar hilft sicher auch im Haushalt und beschäftigt sich mit den Kindern. Schon ist Frau S. dabei, die positiven Seiten des Nachbarn mit den negativen Seiten ihres eigenen Mannes zu vergleichen. Frau S. fängt an zu verallgemeinern: Der Mann meiner Nachbarin ist immer nett und hilfsbereit. Frau S. stören nun die winzigsten Kleinigkeiten an ihrem eigenen Mann. Sie ist auf

45

dessen Fehler fixiert und hält ihm diese auch vor. Frau S. will erziehen. Sie will eine Veränderung ihres Mannes erreichen – und landet bei Nörgelei und Kritik. Dieses Verhalten bewirkt aber genau das Gegenteil: Ihr Mann fühlt sich von ihr unter Druck gesetzt. Schließlich vermittelt Frau S. ihm, dass sie ihn nicht mag, wie er ist. Das ständige Vergleichen, Kritisieren und Nörgeln hat zur Folge, dass sich ihr Mann innerlich zurückzieht. Statt Vertrauen und Offenheit regieren nun Misstrauen und Angst in dieser Beziehung. Sobald der Mann von Frau S. etwas tut, was nicht in ihr Bild passt, heißt es: »Warum bist du immer so unhöflich, sieh dir doch den Mann meiner Nachbarin an, wie hilfsbereit und zuvorkommend der ist. Kannst du dir nicht endlich

46

angewöhnen, deine Schuhe auszuziehen, wenn du heimkommst? Nie nimmst du dir Zeit, um mit mir zu reden.« *Frau S. vermittelt damit: »Ich mag dich nicht, wie du bist, und ich störe mich dauernd an deinen Fehlern.«*

Umgekehrt kann es auch sein, dass der Ehemann seine Frau mit irgendwelchen Models oder anderen angeblich hübscheren Frauen vergleicht und sie wegen ihres Aussehens kritisiert, sie unter Druck setzt und entwürdigt.

Nörgelei und Kritik machen auf Dauer jede Beziehung kaputt. Ein Mensch mit einer gesunden Persönlichkeit wünscht sich ein positives Miteinander. Mit Nörgelei und Kritik erreichen wir genau das Gegenteil – Bitterkeit, Frustration und Misstrauen.
Die Ursache von Nörgelei und Kritik liegt oft in der eigenen Unsicherheit. Ein niedriges Selbstwertgefühl kann dazu führen, dass wir uns überheblich über andere stellen und anfangen zu lästern.
Um die eigene Frustration oder Unsicherheit zu überdecken, suchen wir bei anderen etwas Negatives: *»Wenn ich andere kritisiere oder schlecht mache, fühle ich mich gleich besser. Ich stelle mich über die anderen. Das hebt mein Lebensgefühl – wenigstens für einen Moment.«* – Und das nicht nur in der Ehe, sondern auch in anderen Beziehungen: *»Wie die wieder herumläuft. Wie die heute aussieht. Wie sie sich wieder an den Chef ranmacht. Wie die wieder mit ihren Kindern umgeht. Wie schlecht die sich im Griff hat usw.«* Wer viel über andere richtet, zeigt damit seine eigene Unsicherheit.

Wenn das Vergleichen diese Konsequenzen hat, kann es uns zu unbarmherzigen und stolzen, auch arroganten und harten Menschen machen – zu unangenehmen Mitmenschen. Perfektionisten sind oft in der Gefahr, überheblich zu werden, weil sie es ganz genau wissen: wie was zu tun wäre; wie die Welt sein sollte; wie andere Menschen sich verhalten sollten. Sie selbst fühlen sich im Recht. Die anderen sind schlecht.

47

Dieser falsche Stolz und das Nörgeln werden auch in der anfangs erwähnten biblischen Geschichte von Maria und Marta deutlich. Marta kritisiert ihre Schwester hart, weil sie bei Jesus sitzt. Maria entspricht nicht den Erwartungen von Marta und hilft ihr nicht in der Küche.
Jesus lässt sich von dieser Kritik nicht beeindrucken, sondern bringt den Vergleich auf eine andere Ebene. Das Hören auf ihn ist wichtiger als alles andere. Das vermittelt er Marta.
Und er hilft Marta darin, die eigenen Werte zu relativieren, die ihr momentan so wichtig sind. Er macht deutlich: es gibt noch Wichtigeres. Dies verändert Martas Beziehung zu ihrer Schwester (Johannes 11 und 12). (Siehe auch S. 24.)

48

Kapitel 3

Wege aus den Fallen

In der Bibel gibt es ein Gebot gegen das Vergleichen: In 2. Mose 20,17 heißt es: »Du sollst nicht begehren deines Nächsten Haus. Du sollst nicht begehren deines Nächsten Frau, Knecht, Magd, Rind, Esel noch alles, was dein Nächster hat.«
Heute begehren wir weniger Magd, Rind und Knecht, aber dafür Auto, Boot, Wintergarten oder Arbeitsstelle, das Lebensumfeld unseres Nächsten, seinen Beruf und vieles andere.
Wogegen das Gebot sich richtet, sind nicht zuerst die einzelnen Dinge des Begehrens, sondern die Haltung des Begehrens: neidisches Schielen auf das, was andere haben. Das Besitzen-wollen von Dingen oder Menschen, die zu anderen Menschen gehören, und die Haltung, den anderen das nicht zu gönnen.
Das oben zitierte Gebot ist – wie alle Gebote – eine Hilfestellung für das menschliche Miteinander und eine große Befreiung. Sich ständig zu vergleichen kann eine Dauerbelastung werden. Daran müssen wir nicht festhalten und darauf fixiert bleiben. Gott will uns von dem Gefühl befreien, zu kurz gekommen zu sein. Er möchte uns zur Dankbarkeit für unser eigenes Leben verhelfen. So bekommen wir neue Lebensperspektiven und Blickrichtungen.

1. Die Einmaligkeit meines Lebens entdecken und sich mit anderen freuen können

Jedes Leben, jeder Mensch ist eine einmalige und ganz besondere Schöpfung Gottes. Selbst eineiige Zwillinge sind jeder für sich ein Original aus Gottes Schöpferhand:

49

Wie Menschen aussehen, wie sie auf Situationen reagieren, wie sie ihren Körper spüren, wie sie sehen und schmecken, hören und riechen, wie sie Musik und Farben empfinden – alles ist einmalig, bei jedem Menschen anders. Das alles war Gottes Idee, seine liebevolle Schöpfung. Kein Mensch auf der Erde ist oder war jemals genauso beschaffen wie ein anderer.

Auch was unsere Lebenshintergründe anbelangt, ist jedes Leben einmalig. Jeder Mensch ist anders geprägt – durch seine Familie, seine sozialen und kulturellen Hintergründe, durch Erfahrungen und Erlebnisse. Darüber können wir das Staunen lernen.

Wir sind dazu geschaffen, um genau dieses einmalige Leben auch bewusst zu leben und zu gestalten. Jede und jeder kann sagen: Gott hat mir in der Einmaligkeit und Besonderheit meines Lebens das gegeben, was ich zu einem glücklichen und erfüllten Leben brauche. Das Glück liegt nicht bei den anderen, sondern da, wo ich bin und lebe.

»Manche Menschen suchen das Glück wie eine Brille, die sie auf der Nase tragen.« Ist es nicht so, dass wir oft das eigene Glück übersehen – vor lauter Suchen bei anderen?

50

Je mehr ich mir das deutlich mache und je dankbarer ich für mein Leben werde, desto eher kann ich anderen Menschen etwas gönnen, mich mit ihnen freuen, ohne gleich zu meinen, dass ich dasselbe haben müsste, um glücklich zu sein.
Die dahinter stehende Grundeinstellung: *Ich bin okay – du bist okay.*

Beispiel: *Ihre Nachbarn sind am Wochenende weggefahren. Sonntagabend kommen sie zurück und erzählen voller Begeisterung, was sie erlebt haben. In Ihnen steigt Neid auf. Das hätten Sie auch erleben können, wenn Sie auch dorthin gefahren wären. Aber Sie waren ja nur zu Hause und am Sonntagnachmittag ein bisschen spazieren ... Sie sind neidisch auf die Erlebnisse Ihrer Nachbarn. Doch wer sagt denn, dass der Aufenthalt an genau demselben Ort für Sie genauso schön oder erlebnisreich gewesen wäre wie für Ihre Nachbarn?*
Wenn Neid auf andere aufkommen will, kann es eine gute Übung sein, sich in Gedanken zu sagen: *»Schön, dass er oder sie das erlebt hat. Ich will mich mit den anderen freuen und nicht meinen, ich hätte etwas verpasst oder versäumt. Für den anderen war das jetzt gerade richtig und gut – für mich ist es etwas anderes. Aber ich will danken für mein Leben und das, was ich erlebt habe.«*

»Nicht die glücklichen sind dankbar, es sind die Dankbaren, die glücklich sind.« (Sir Francis Bacon)

In 1. Petrus 2,1 heißt es: »So legt nun ab alle Bosheit und allen Betrug und Heuchelei und Neid und alle üble Nachrede.« Was für eine Befreiung kann es sein, sich ganz bewusst gegen den eigenen Neid zu entscheiden. Denn Neid verhindert echte Nähe. Neid ablegen eröffnet dagegen neue Möglichkeiten zu echten Beziehungen oder sogar Freundschaften: sich mit anderen freuen; anderen etwas gönnen; andere stehen lassen können; von anderen lernen.

51

2. Die Bilder im Kopf entlarven

Die meisten Bilder, die in unserem Kopf beim Vergleich entstehen, entspringen nur unserer Fantasie, unseren Sehnsüchten und heimlichen Wünschen. In unseren Gedanken stellen wir uns oft vor, dass es anderen Menschen in allem immer besser geht als uns. Das passiert uns auch mit wildfremden Menschen, die wir vorher noch nie gesehen haben.
Stellen Sie sich folgende Situation vor: *Sie sind auf einer Party, auf einer Wanderung oder beim Einkaufen und treffen dort eine andere Frau, die Sie in ihrer äußeren Erscheinung beeindruckt. Sofort läuft der Gedankenmechanismus ab, dass diese Frau sicher eine sehr glückliche und zufriedene Frau ist und dass sie all das ausleben kann, was Sie gerne leben würden.*

Wir stellen uns vor: »Alles, was wir uns ersehnen, ist bei den anderen vorhanden.« In unserem Kopf entstehen Bilder, in denen wir sehen, wie bei anderen alles klappt, was bei uns nicht funktioniert: Diese Menschen haben in unserer Vorstellung ein harmonisches, zufriedenes, glückliches und gelingendes Leben, ohne Streit und Probleme mit Kindern, Eltern, Ehepartnern, Freunden oder Nachbarn. Doch stimmt das denn?
Diese Bilder haben etwas mit unseren Ursehnsüchten nach Frieden, Geborgenheit, Glück und Erfüllung zu tun. Es ist die Ursehnsucht des Menschen nach dem Paradies. Sie sind ein Zeichen dafür, dass wir von Gott und auf ihn hin geschaffen sind. Aber diese Beziehung zu Gott ist durch den Sündenfall getrübt. Wir gehören zur gefallenen Schöpfung, zu der auch Leid und Schmerz, Krankheit und Tod, Probleme und Widrigkeiten gehören. Aber wir sehnen uns nach einem Leben ohne Schatten und Schuld, ohne Dunkelheit und Tränen. In Römer 8,18ff. wird diese Sehnsucht des Menschen, ja der ganzen Schöpfung nach Erlösung sinngemäß folgendermaßen beschrieben: Wir leben noch in einer unerlösten Zeit, aber wir tragen die

52

Sehnsucht nach endgültiger Erlösung in uns. Am Ende der Zeit wird Gott unter uns wohnen wie ein Freund. »Gott wird abwischen alle Tränen von ihren Augen, und der Tod wird nicht mehr sein, noch Leid noch Geschrei noch Schmerz wird mehr sein; denn das Erste ist vergangen« (Offb. 21,4). Darauf hoffen wir. Die Sehnsucht nach dem Paradies ist nach dem Text im Römerbrief in jedem menschlichen Leben vorhanden. Darum reagieren wir so stark auf Vorstellungen und Bilder von Glück, Harmonie, Frieden, Leben ohne Probleme.

Die Werbeindustrie weiß um diese Mechanismen in der menschlichen Psyche. Sie greift unsere Sehnsüch-

53

te nach einem besseren Leben – nach Harmonie, Frieden, Glück, Geborgenheit, Geliebtsein, Erfolg, Jugendlichkeit und Schönheit – auf. Diese Sehnsüchte projiziert sie in ein Produkt mit der unterschwelligen Botschaft: *»Wenn du dieses oder jenes kaufst, dann bekommst du die dazugehörigen Sehnsüchte gleich noch mit erfüllt.«* Oder: *»Wenn du bei uns kaufst, dann löst du zu Hause positive Gefühle aus. Eure Familie wird durch ein neues Auto wieder heil. Eure Ehe wird durch neue Möbel wieder gut. Eure Beziehungen gelingen durch das richtige Mittagessen.«*
Beim Vergleichen machen wir es genauso: Wir nehmen unsere Sehnsüchte, verlagern sie in die Fassade anderer und denken: *»Hätte ich deren Leben, würde es mir gut gehen.«*
Würden wir das Leben dieser Menschen genauer anschauen, dann würden wir entdecken, dass auch diese Menschen mit bestimmten Dingen und Situationen zu kämpfen haben oder sogar daran scheitern. Zu jedem menschlichen Leben gehören Mühe und Konflikte, Probleme, Leid und seelische Abgründe.

Wenn wir diese Zusammenhänge erkennen, können wir die falschen Bilder im Kopf entlarven, auf eine neutrale Ebene heben und uns leichter davon abwenden.
Ein Sprichwort der Indianer lautet: »Urteile nie über jemanden, bevor du nicht einen Monat lang in seinen Mokassins gegangen bist.« Wir könnten das etwas abwandeln:
»Beneide niemanden, bevor du nicht einen Monat lang dessen Leben gelebt hast.«
Danach würden wir anders über die beneideten Menschen denken, einander besser verstehen und hätten keinen Grund mehr für Neid. Wir wären möglicherweise in ganz neuer Weise dankbar für unser eigenes Leben.
Denn vieles, was wir beneiden, hat auch seine Schattenseite. So sind kreative Menschen meistens auch etwas chaotisch. Die besonders ordentlichen Menschen

54

dagegen sind weniger spontan. Die Menschen, die sich durchsetzen können, sind nicht so besonders einfühlsam. Die Hilfsbereiten können oft nicht nein sagen usw. Menschen mit herausragenden Gaben tragen viel Verantwortung und haben oft wenig Zeit für Hobby oder Erholung.
Wenn wir etwas beneiden, sollten wir immer das Ganze, den Gesamtzusammenhang sehen, in dem die beneidete Fähigkeit oder Gabe steht.

3. Wünsche überprüfen, positive Ziele entwickeln

Wenn Neid immer wieder an denselben Stellen oder in denselben Situationen bei uns auftritt, kann es hilfreich sein, dies auch als Signal wahrzunehmen: »Hier ist etwas nicht in Ordnung. Hier sollte etwas in meinem Leben anders werden.«
Verena Kast[1] deutet solche Situationen wie folgt: »Neid ist nahe bei der Trauer, weil er bewusst macht, was wir nicht haben. Trauern würde bedeuten, sich zu lösen von etwas Wertvollem und einwilligen in ein Leben ohne. Trauer bedeutet am Ende, nach Neuem suchen, aktiv Neues begehren. Der Neid verhindert eben solche Prozesse. Neid verhindert die Auseinandersetzung mit mir selbst.« Wenn ich die brachliegenden (Neid erregenden) Anteile entwickle, dann baut das den Neid ab. Wenn ich also Menschen begegne, die meinen Neid erregen, dann ist das immer eine Herausforderung zur Selbstentwicklung[2].
Richtig eingesetzt kann Neid oder Vergleichen also auch eine Hilfe zur Veränderung sein, kann zu einer positiven Herausforderung für das eigene Leben werden.

Manche Sehnsüchte und Wünsche, die beim Vergleichen oder Beneiden an die Oberfläche kommen, sind von Gott in unserem Leben angelegt.

Dabei gibt es eine wichtige Unterscheidung:

Ursehnsüchte

Da sind zum einen die oben beschriebenen **Ursehnsüchte** der gefallenen Schöpfung nach Erlösung. Sich dieser Sehnsüchte immer wieder bewusst zu werden und den Horizont der Ewigkeit in unser Leben mit einzubeziehen hilft dabei, unsere Lebenswerte zu relativieren und unsere Prioritäten richtig zu setzen: *»Mein Leben hier ist nicht alles. Vieles ist nur bruchstückhaft und unvollkommen. Und manche Ziele und Werte sind angesichts des Horizonts der Ewigkeit nicht so wichtig oder wesentlich, wie ich oft meine.«*

Unrealistische Sehnsüchte

Diese entspringen einem ungesättigten und unbefriedigten Ich. Viele Sehnsüchte sind wie ein kleines schreiendes Kind oder wie ein ständiger Hunger nach mehr. Solche Sehnsüchte können nicht durch materielle Dinge, Erlebnisse oder Menschen befriedigt werden. Selbst wenn ich mir das ersehnte Kleid gekauft habe oder endlich eine neue Wohnzimmereinrichtung besitze, einen neuen Freund habe oder endlich das Super-Mega-Wochenenderlebnis hatte, bin ich hinterher doch nicht zufrieden und glücklich damit. Sofort wird sich ein neuer Wunsch melden, der nach Befriedigung schreit.

Dies ist ein Zeichen für ein ungesättigtes Ich. Häufig sind solche ungestillten Sehnsüchte der Grund für Suchtverhalten wie Ess-Störungen, Kaufzwänge, Tablettenabhängigkeit, Sex- oder Alkoholsucht.

Wenn wir ständig dieses ungesättigte Ich in uns erleben, brauchen wir Hilfe in Form von Beratung, Seelsorge oder Therapie. Bärbel Wardetzki schreibt über essgestörte Frauen: »Hinter der äußeren Fassade verbirgt sich oft ein emotional verwahrlostes, verzweifeltes Kind, das nach Anerkennung und Spiegelung seiner wahren

56

Identität hungert. Der Heißhunger der Bulimikerinnen (Frauen mit einer Ess-Brech-Störung; Anmerkung der Autorin) ist der symbolische Ausdruck dieses Hungers, der durchs Essen nicht gestillt werden kann.[3]«
Gott will und kann solche Störungen heilen. Er kann unseren Seelenhunger stillen und von Süchten frei machen. Er kann unser Leben er-füllen. Das bedeutet, dass das unzufriedene und ungesättigte Kind in uns in der Beziehung zu Gott wirklich satt werden kann. Dies erfordert aber den Willen, sich auf den Weg zu machen, es geschieht in der Regel nicht von heute auf morgen, sondern ist meistens ein längerer Weg. Aber ein Weg mit einem guten Ziel. (Mehr dazu auf Seite 69ff.)

Realistische Wünsche oder von Gott angelegte Wünsche

Neben den unrealistischen Wünschen gibt es auch die realistischen Wünsche oder die von Gott in uns angelegten Wünsche. Durch das Vergleichen mit anderen entdecken wir möglicherweise Lebensbereiche, die nicht entfaltet oder entwickelt sind und unser Leben in einer neuen Weise bereichern könnten. Gott will unserem Leben eine klare Ausrichtung und positive Ziele schenken. Er will, dass wir unsere Gaben entfalten. Wir können Gott um Klarheit bitten, so dass wir erkennen, wo sich etwas ändern soll. Wir können Gott um positive innere Bilder und Ziele bitten. Es ist wichtig, nicht ständig das Unerreichbare oder Negative zu sehen, sondern unser Leben von Gottes Zielen und Verheißungen her zu gestalten.

Das befreit unser Leben vom unsinnigen Vergleichen mit anderen. Wenn wir das Gefühl haben, am richtigen Platz zu sein und das zu leben, wozu Gott uns berufen hat, werden wir dankbar. Wir müssen uns dann nicht mehr mit anderen und deren angeblich besserem Leben messen und vergleichen.

57

Darum sollten wir unsere eigenen Wünsche und Sehnsüchte genauer anschauen. Welche Sehnsüchte sind ein Zeichen für das Sehnen nach der ewigen Heimat bei Gott? Welche Sehnsüchte sind ein Hinweis auf seelische Defizite? Welche Sehnsüchte rufen nach von Gott gewollter Entfaltung?

4. Gaben entfalten

Gott hat mit jedem Leben etwas vor, für jeden Menschen einen Platz und einen Auftrag.

Man kann es auch mit dem Gleichnis, das Jesus in Matthäus 25,14-30 erzählt, deutlich machen: Unsere Gaben sind »anvertraute Pfunde«. Wir sollen sie einsetzen und etwas daraus machen. Interessant ist, dass in diesem Gleichnis bereits von Anfang an von unterschiedlichen Begabungen und Zuteilungen die Rede ist. Menschen sind verschieden. Sie sind unterschiedlich begabt. Manche haben mehr, andere haben weniger Begabungen. Aber jeder Mensch hat Begabungen. Von denen, die mehr Begabungen haben, wird auch mehr erwartet. Wenn diese ihre Begabungen nicht zur Entfaltung bringen würden, ihre Talente nicht einsetzen würden, weil andere sie darum beneiden, würden sie ihrem Lebensauftrag nicht gerecht.

Die Gaben, die Gott uns gibt, machen etwas von der Einmaligkeit und Unverwechselbarkeit unseres

58

Lebens deutlich. Sie lassen uns erahnen, wie Gott ist. Wo Gott die Mitte eines Lebens wird, da zeigt er durch uns Menschen etwas von seinem Wesen und seiner Art.
Jeder Mensch hat eine von Gott in sein Leben geschriebene Melodie, die zum Klingen kommen soll. Die besondere Berufung eines Lebens oder die Lebensmelodie kann oft schon im Kindesalter sichtbar werden. Manche Menschen wussten schon im Alter von vier oder fünf Jahren, was sie einmal werden oder sein wollten bzw. sollten.
Nicht immer, aber oft liegt unsere Berufung dort, wo auch unsere Vorlieben sind, wofür unser Herz schlägt, also bei etwas, das wir gerne machen, oder wo etwas in uns ins Fließen kommt, wenn wir uns damit beschäftigen oder wobei wir glücklich sind.
Wenn wir mit Jesus leben, werden unsere Gaben entfaltet. Darum ist es wichtig, dass wir im Gespräch mit Jesus sensibel für die Grundmelodie werden, die sich durch unser Leben zieht. Erst dann können wir unsere ganz spezielle Berufung entdecken und leben.
Jeder Mensch hat seine ganz spezielle Platzanweisung von Gott. Auch diese Erkenntnis ist eine gute Hilfe gegen falsches Vergleichen und eine Hilfe gegen Minderwertigkeitsgefühle: *»Auch wenn andere vielleicht mehr Gaben haben oder Gaben, die nach außen sichtbarer werden, so ist doch das, was ich von Gott an Gaben bekommen habe, genau richtig für mich. Ich muss nicht sein wie irgendeine andere, sondern ich soll den Platz ausfüllen, an den Gott mich und sonst niemand hingestellt hat. Ich soll das tun, was niemand sonst außer mir auf dieser Welt tun kann.«*

Die Gaben und auch die Kombination der Gaben, die wir von Gott bekommen, sind so unterschiedlich und einmalig wie die Menschen: Gesunde Hände, ein offenes Ohr für andere, handwerkliche oder künstlerische Fähigkeiten (Musik, Grafik, Basteln, Schauspielerei, Dekoration), Organisationstalent, pädagogische oder

59

seelsorgerliche Fähigkeiten, eine Gabe zur Leitung oder Moderation, Fähigkeiten, einen Haushalt zu führen (kochen, backen, putzen), Kinder erziehen.
Viele Gaben entfalten sich mehr im Verborgenen – aber darum sind sie nicht weniger wichtig: z. B. Zuhören können, einen Raum dekorieren, Probleme anderer erspüren, mit Kleinigkeiten eine Freude machen, sich um Einzelne kümmern, für andere beten, Details beobachten und sie fürs Ganze einbringen. Jesus wertet alle diese verborgenen Fähigkeiten sehr hoch: »Wer unter euch groß sein will, der sei euer Diener« (Matthäus 20,26).

Jesus will, dass wir die Gaben, die wir empfangen haben, einbringen, für ihn arbeiten lassen. In der Hingabe unseres Lebens an ihn kommen die Gaben richtig zur Geltung.
Bei manchen Gaben, die nach außen deutlich sichtbar sind (z. B. Reden halten können, Bücher schreiben, Theater, Musik usw.), besteht die Gefahr, dass wir sie einsetzen, um damit zu prahlen und uns selbst groß machen. Wenn wir die Gaben zur eigenen Ehre missbrauchen, gehen wir an der Bestimmung unseres Lebens vorbei. Alles, was wir haben und sind, soll Gott ehren und nicht uns selbst. Wir dürfen dankbar sein für die Gaben, aber sollen nicht vergessen, wer uns diese Gaben gegeben hat – unser Schöpfer, der uns liebt. Unsere Gaben sollen immer wie ein Zeigefinger auf Gott sein.

Manche Menschen behaupten, der Dienst an Gott dürfe keine Freude machen. Oder wir sollten immer das tun, was uns nicht liegt und keinen Spaß

60

macht. Aber das stimmt nicht. So ist Gott nicht. Er will unser Leben mit Freude erfüllen. Die Gaben und Stärken, die er uns gegeben hat und die unser Leben schön und glücklich machen, sollen sich entfalten und zur Geltung kommen. Wenn wir in der Hingabe an Gott unsere Gaben leben, dann macht uns das auch Freude. Wir erleben ein Stück »Lebenserfüllung«. Wir erleben das Glück, Gott mit unserem Leben dienen zu können. Wir machen die Erfahrung: »Gott in uns und Gott durch uns.« – Zufriedenheit, Dankbarkeit und Freude sind die Folge des Einsatzes unserer Gaben.

Zu den natürlichen Gaben, die wir von Gott bekommen haben, gibt er uns dann noch geistliche Gaben dazu, die unsere natürlichen Gaben ergänzen.[4] Und er gibt uns aus dem Schatz seiner Verheißungen alles, was wir brauchen: Hoffnung, Freude, Kraft, Mut, Zuversicht – und die so genannten Früchte des Geistes (Galater 5,22): Freude, Friede, Geduld, Freundlichkeit, Güte, Treue, Sanftmut, Keuschheit ..., Barmherzigkeit. Gott gibt uns, wenn er uns in spezielle Aufgaben oder Berufungen stellt, auch die nötige Ausrüstung dazu.

Eine Frau erzählt, dass sie früher immer extreme Angst davor hatte, vor mehr als drei oder vier Menschen zu sprechen. In der Nacht davor konnte sie oft nicht schlafen. Appetitlosigkeit, Kniezittern und innere Unruhe waren ständige Begleiterscheinungen. Eines Tages bekam sie die Anfrage zur Mitarbeit in einer Frauengruppe – spontan hätte sie am liebsten Nein gesagt. Doch sie spürte darin eine Anfrage von Gott und wagte ein Ja. Die Begleiterscheinungen verschwanden nach und nach, als sie bereit war, sich einzubringen und Ja zu dieser Aufgabe zu sagen. Heute freut sie sich auf jedes Treffen und weiß sich in ihrer Aufgabe am richtigen Platz.

Wichtig ist, sich Gottes Berufung nicht zu verschließen, sondern bereit zu sein, wenn Gott uns vor neue

61

Aufgaben stellt. Gott gibt zur Berufung auch die Fähigkeit und die Kraft.
Wenn wir unsere Gaben in der Beziehung zu unserem Schöpfer leben, in der Hingabe an ihn, dann befreit uns das von Minderwertigkeitsgefühlen. Wir sind in Gottes Augen wichtig und wertvoll, darum ist unser Leben nicht minderwertig und nicht schlechter als das Leben anderer Menschen.

5. Selbstwert und Selbstachtung entdecken

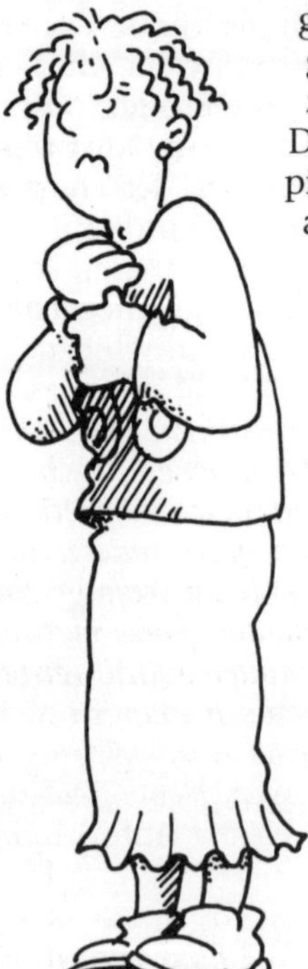

Viele Frauen leiden unter zu geringer Selbstachtung oder an mangelndem Selbstwertgefühl. Dies zeigt sich oft schon in äußeren Dingen wie Körperhaltung, schlampige Kleidung, Mimik und Gesichtsausdruck.

Doch Gott möchte nicht, dass wir mit Minderwertigkeitsgefühlen durchs Leben gehen. Er hat unser Leben nicht minderwertig, sondern wert-voll gemacht und will, dass unser Leben seine Liebe widerspiegelt. Er will, dass wir gemäß der Würde, die er uns schenkt, leben. Er will, dass unser Leben ein Spiegel seiner Liebe ist.

Gott liebt uns mit einer unendlich wertschätzenden und aufwertenden Liebe. Gott will unser Bestes, er will uns nicht schaden. Seine Liebe gilt uns immer, in jedem Moment unseres Lebens. Auch für schwere Si-

62

tuationen hat er uns seine Liebe zugesagt. In Römer 8,38-39 und vielen anderen Stellen der Bibel wird diese große Liebe zu uns beschrieben: »Denn ich bin gewiss, dass weder Tod noch Leben, weder Engel noch Mächte noch Gewalten, weder Gegenwärtiges noch Zukünftiges, weder Hohes noch Tiefes noch eine andere Kreatur uns scheiden kann von der Liebe Gottes, die in Christus Jesus ist, unserm Herrn.«

Wenn wir dies begreifen und mit ganzem Herzen dazu ja sagen lernen, verändert sich unser Leben – und auch unsere Selbsteinschätzung.
Weil Gott gut zu mir ist, darf ich auch selbst gut zu mir sein und gut von mir denken. Weil Gott mich aufwertet, darf ich mich gegen Abwertung durch andere wehren. Gott liebt uns auch da, wo andere (vielleicht der Ehemann oder die Mutter, der Vater, die Kinder) durch ihre Urteile erniedrigen. Solche Urteile und Beurteilungen können uns sehr tief treffen und verletzen, uns entwürdigen.

Eine Frau erzählt: »Ich wurde als Kind immer gedemütigt. Oft wurde mir von meiner Mutter gesagt: ›Sei dankbar, dass du überhaupt leben darfst und ich dich nicht abgetrieben habe.‹ So fühlte ich mich immer in ihrer Schuld und wertlos. Eines Tages entdeckte ich durch Gespräche mit Christen und durch das Lesen in der Bibel, dass ich bei Gott einen ganz eigenen Wert habe. Gott hat mich gewollt und mich geschaffen. In seinen Augen bin ich wertvoll. Das machte mich so richtig von innen heraus froh. Seitdem kann ich mit den Aussagen meiner Mutter anders umgehen. Sie gelten weniger als das, was Gott mir zuspricht. Ich weiß, mein Leben hat einen Wert.«

Einen gesunden Selbstwert entwickeln bedeutet auch, negativen Urteilen anderer deutlich zu widerstehen und sich bewusst zu machen: Gottes Urteil gilt mehr als das Urteil von Menschen. Auch in Fällen von Mobbing oder Verleumdung kann es hilfreich sein, Gottes

63

Ja über unserem Leben mehr gelten zu lassen als das Urteil von Menschen. Das gelingt sicher nicht auf Knopfdruck, aber der Denkansatz kann sehr befreiend sein. Gott sagt zu uns: *»Ich nörgele nicht an dir herum. Ich nehme dich an, wie du bist. Ich bin nicht herablassend, sondern ich nehme dich ernst. Ich lache dich nicht aus, sondern ich achte dich.«*
Jesus hat das ganz deutlich vorgemacht. Er ist allen Menschen – gerade auch den Frauen – mit einer großen Wertschätzung und Würde begegnet.[5]

Gottes Liebe befreit von Schuldgefühlen

Auch Schuldgefühle und Selbstabwertung hängen zusammen.Wenn wir schuldig werden, reagieren wir häufig mit Selbstabwertung und fixieren uns auf unsere Schuldgefühle, sind gebunden in unserem Denken und Verhalten.
Wenn wir uns ständig mit Schuldgefühlen quälen, nehmen wir uns selbst wichtiger als nötig. Durch das Kreisen um uns selbst richten wir unseren Blick in die Vergangenheit und fixieren uns auf unsere Fehler. Schuldgefühle erniedrigen uns, zementieren unsere negative Selbsteinschätzung: »Ich bin nicht gut genug – ich bin nichts wert.«
Aber die Botschaft Gottes an uns heißt: »Meine Liebe gilt dir auch da, wo du schuldig geworden bist. Denn ich habe Vergebung für dich bereit.« Darum dürfen wir auch, wenn wir schuldig geworden sind, um Vergebung bitten und neu anfangen.
»Fallen ist menschlich, liegen bleiben ist teuflisch, wieder aufstehen ist christusgemäß.«
Gott liebt uns – auch mit unserem Versagen und unseren Grenzen. Seine Liebe will uns verändern, aber sie gilt uns schon lange, bevor wir so geworden sind, wie wir von ihm gedacht waren.
Die richtige (christusgemäße) Haltung ist: Schuld offen zugeben und bereinigen. Über die Wunden, die

64

man dem anderen zugefügt hat, trauern. In die Zukunft blicken, aber nicht im Selbstmitleid und im Versagen stecken bleiben. Gott bietet mir seine Vergebung an, weil er mich liebt. Und er nimmt mich immer wieder neu an. Genau das hilft uns zur Selbstannahme.[6]

Es kann eine Hilfe sein, sich das mit einem Bild vorzustellen: Gott ist wie ein Vater, der mit offenen Armen auf mich wartet und mich umarmen möchte. Er sagt zu uns: »Komm zu mir. Bei mir darfst du alles abladen, deine Frustrationen und deinen Neid, deinen Ärger und auch all das, was dich beschwert, was dir weh tut, was dich bedrückt. Bei mir darfst du auch deine Enttäuschungen und deine nicht erreichten Lebensziele ablegen. Bei mir darfst du weinen und damit auch loslassen.«

Barmherzigkeit lernen

Die Barmherzigkeit Gottes hilft uns auch zu einem barmherzigen Umgang mit uns selbst und mit anderen. Wir dürfen Mut zur Unvollkommenheit haben. Wir dürfen hohe Erwartungen loslassen. Das macht uns gelassener mit uns selbst und unseren Mitmenschen. So können wir unsere Grenzen erkennen und dazu stehen. Wir können auch unser unvollkommenes Leben mit anderen teilen, nicht nur die positiven Seiten, sondern das ganze Sein mit allen Licht- und Schattenseiten.

Lernen, zum Ausgenutztwerden Nein zu sagen

Wenn mein Wert bestimmt ist von Gottes Liebe zu mir, dann kann ich mich auch leichter abgrenzen. Menschen mit niedrigem Selbstwertgefühl stehen in der Gefahr, sich schnell von anderen Menschen abhängig zu machen, um damit ihren Selbstwert aufzubessern. Sie sagen zu allem Ja, lassen sich möglicher-

65

weise auch ausnutzen, um nicht die Zuneigung der anderen Menschen zu verlieren. »Das Gefühl einer sicheren Existenz und das Gefühl für den eigenen Wert wird nicht in der eigenen Person begründet erlebt, sondern ausschließlich in der Beziehung zu anderen.«[7] Wenn ich aber um meine Würde und meinen Wert vor Gott weiß, dann finde ich auch den Mut, Grenzen zu ziehen. Dann kann ich (nicht immer, aber manchmal) Nein sagen. Dann bin ich auch wertvoll, wenn ich nicht für andere zur Verfügung stehe. Mein Wert hängt nicht davon ab, dass ich anderen Menschen gefalle oder gehorche, sondern davon, dass ich in Gottes Augen liebenswert bin und ihm gehorche.

Ja sagen zu mir und meinem Körper

Selbstannahme und Körperannahme gehören zusammen.[8] So wie ich geschaffen wurde, hat Gott mich gewollt – auch meinen Körper. Darum brauche ich ihn nicht abzulehnen, sondern darf lernen, dafür dankbar zu sein.

Einen gesunden Selbstwert zu entwickeln hängt ganz eng damit zusammen, auch ein gutes Körpergefühl zu entwickeln. Wenn wir mit unserem Körper nicht einverstanden sind, gibt es zwei Möglichkeiten, darauf zu reagieren:

Ich versuche an den Stellen, wo ich etwas tun kann etwas zu verändern, um ein **besseres Körpergefühl** zu erhalten: z. B. Farb- und Stilberatung, eine neue Frisur, regelmäßige Bewegung an der frischen Luft, gesundes Essen.

Dabei dürfen wir uns nicht von falschen und unrealistischen (Vor-)Bildern leiten lassen. Wir müssen nicht aussehen wie die Topmodels der Zeitschriften. Die meisten dieser Models leiden unter Ess-Störungen oder sind magersüchtig. Die Zeitschrift Emma hat festgestellt[9], dass die Proportionen von Schaufensterpuppen völlig unrealistisch sind. Eine Frau würde aufgrund des Missverhältnisses von Körpergewicht zu

Körpergröße keinen funktionierenden Zyklus mehr haben. Trotzdem vergleichen sich Frauen oft genau mit solchen Figuren – und leiden an den eigenen etwas üppigeren Formen. Fast jede Frau, die sich angemessen ernährt, neigt zu leichten Rundungen. Das ist von Gott so angelegt. Im Fettgewebe lagert sich u. a. auch Östrogen ab. Gerade in den Wechseljahren birgt zu wenig Östrogen die Gefahr des Knochenschwunds in sich.

Die vielen Diäten, die uns permanent in der Werbung angeboten werden, versprechen nicht, was sie halten. Wir sollten nicht auf diese falschen Versprechungen hereinfallen.

Aber was ist, wenn ich an meiner Figur nichts ändern kann? Vielleicht habe ich schon so oft eine Diät ohne nennenswerten Erfolg probiert? Dann ist es das Beste, wenn wir uns und **unseren Körper akzeptieren, wie er ist**. Gott hat sich etwas dabei gedacht, dass er mir gerade diesen Körper, dieses Aussehen, diese Konstitution gegeben hat. Also können wir dafür auch das Danken lernen. Schon allein eine solche Entscheidung zur Dankbarkeit gibt uns eine ganz neue Ausstrahlung. Wer ist denn wirklich schön? Doch nicht in erster Linie Menschen mit makelloser Haut oder wohlproportionierten Formen, sondern Menschen, die Frieden und Glück ausstrahlen. »Wahre Schönheit kommt von innen«, von einer gelassenen und zufriedenen Einstellung. Grundeinstellung: *Ich bin okay.*

6. Stärke zum Lieben entwickeln

Gott liebt mich und befreit mich, nimmt mich an und richtet mich auf. Deshalb soll und darf ich auch mit anderen Menschen so umgehen. Wie Gott mir – so ich dir.

Ich bin ein Mensch, der trotz und mit Unvollkommenheit von Gott geliebt ist – und du darum auch!

67

Grundeinstellung: *Ich bin okay – du bist okay.*

Diese Einstellung ist die beste Medizin gegen Nörgeln und Kritisieren. Wer sich geliebt weiß, kann das auch an andere weitergeben. Wer über die eigene Unvollkommenheit gelassen sein kann, kann auch andere unvollkommene und unfertige Menschen lieben lernen.

Aus einem gesunden Selbstwert heraus können wir mit anderen Menschen freundlich und liebevoll umgehen.

Wenn wir Vollkommenheit von unseren Mitmenschen erwarten, sind die Enttäuschungen schon vorprogrammiert. Wenn wir auf die Fehler des anderen fixiert sind, vergiften wir das Klima um uns herum. Auch darin steckt eine Gefahr des Vergleichens: dass ich dadurch unzufrieden mit meinen Mitmenschen werde.

Es tut unseren Beziehungen gut, wenn wir mit negativem Vergleichen, Nörgeln und Kritisieren aufhören. Wir wollen damit eigentlich Veränderung erreichen. Doch dieses Verhalten bewirkt genau das Gegenteil. Es gibt einen ganz anderen, viel wirksameren Weg, wie Menschen um uns herum sich ändern können: die anderen zunächst einmal so annehmen wie sie sind; sie bedingungslos – mit allen Fehlern und mit allen unerfüllten Erwartungen – lieben.

Bedingungslos bedeutet: Auch wenn die anderen an vielen Punkten nicht meinen Erwartungen oder Idealen entsprechen, akzeptiere und liebe ich die anderen nicht nur trotz, sondern mit ihren Fehlern.

68

Soll ich mich ändern?

»Meine Freunde sagten seit Jahren zu mir, ich solle mich ändern. Meine Frau nickte dazu. Jeder sagte mir immer wieder, ich solle mich ändern. Ich pflichtete ihnen bei, und ich wollte mich ändern, aber ich brachte es nicht fertig, so sehr ich mich auch bemühte. Dann sagte eines Tages meine Frau zu mir: ›Ändere dich nicht! Bleib, wie du bist. Es ist wirklich nicht so wichtig, ob du dich änderst oder nicht. Ich liebe dich so, wie du bist. So ist es nun einmal.‹
Diese Worte klangen wie Musik in meinen Ohren. ›Ändere dich nicht, ändere dich nicht ... ich liebe dich!‹ Und ich entspannte mich und wurde lebendig, und Wunder über Wunder, ich änderte mich! Jetzt weiß ich, dass ich mich nicht wirklich ändern konnte, bis ich jemanden fand, der mich liebte, ob ich mich nun änderte oder nicht.«

(Nach A. de Mello)[10]

Jeder Mensch hat trotz seiner Fehler Würde, auch wenn er – nach unserer Meinung – etwas falsch gemacht hat. Wahre Liebe schaut hinter das Tun und sieht den vor Gott geliebten Menschen – auch hinter aller Schuld und allem Versagen, hinter aller Bösartigkeit und allem Fehlverhalten. Das befreit von Nörgeln und Kritisieren und gibt dem anderen Freiraum zur Entfaltung und Veränderung.

7. Lebensprägungen betrachten

Es kann sein, dass all die bisherigen Ausstiegshilfen nicht fruchten – und wir trotzdem immer wieder in den Fallen des Vergleichens hängen. Dann kann es eine Hilfe sein, noch eine Schicht tiefer zu gehen und die eigenen Lebensprägungen zu betrachten. Brechen da vielleicht immer wieder alte Muster auf und bestimmen uns, obwohl wir schon längst erwachsen sind?
Umgang mit Neid und Rivalität lernen wir in der

69

Kindheit. Mit Geschwistern aufzuwachsen ist eine große Chance für soziales Lernen: die Erfahrung der Geborgenheit in einem Wir, die Erfahrung, irgendwie gleich zu sein und doch anders.[11]
Beziehungen zu Geschwistern haben aber auch wesentlichen Anteil an der Entstehung von Neid und Umgang damit. So kann die Geschwistererfahrung eine Prägung hinterlassen, aus der wir uns nicht ohne weiteres lösen können. Dann wiederholen sich Geschwisterrivalitäten und in der Kindheit gelernte Streitmuster im Erwachsenenalter mit anderen Menschen.

70

Je nachdem, wie wir unsere Geschwister erlebt haben, kann dies eine Bereicherung oder eine belastende Hypothek im Erwachsenenalter sein.
Problematisch sind Beziehungen, in denen einzelne Geschwister von den Eltern bevorzugt wurden und darum nie wirklich eine gute gleichwertige und offene Beziehung entwickelt werden konnte. Belastend können auch Geschwistererfahrungen sein, die zu eng an einen Bruder oder eine Schwester binden und ein Gefühl von lebenslänglicher gegenseitiger Verpflichtung und Abhängigkeit hinterlassen. Eine solche Prägung kann dahin führen, dass ich mich – auch als Erwachsener noch – in Beziehung zu anderen Menschen immer abgrenzen muss, um meine Originalität und Identität nicht zu verlieren.

Hinter Neid steckt oft Angst, nicht genug Liebe der Eltern zu bekommen. Wir befürchten dann, nicht zu genügen, es den Eltern nicht recht zu machen oder haben Angst, verlassen zu werden.
Jede Geschwisterposition kann von solchen Erfahrungen betroffen sein.

Erstgeborene Kinder erleben z. B. die Entthronung bei der Geburt eines Geschwisterkindes als einen schmerzlichen Einschnitt. Da kommt ein weiteres Kind, das mir die Liebe und Zeit der Eltern wegnimmt. Reinhold Ruthe beschreibt die mögliche Erfahrung eines ersten Kindes: *»Meine Eltern haben mich nicht so lieb, sonst würden sie sich nicht noch ein Kind zulegen. Ich wurde zurückgesetzt, abgelehnt, ich bin unerwünscht.«* [12]
An zweiter Stelle geborene Kinder können das Gefühl haben, nicht gegen das erste Kind anzukommen und immer zurückstecken zu müssen, immer zu verlieren, also nicht gewinnen zu können und darum zu kurz zu kommen.
An dritter und weiterer Stelle geborene Kinder machen häufig die Erfahrung, nicht dazuzugehören, weiter weg zu sein von den Eltern als die älteren Ge-

71

schwister. Sie haben das Gefühl, nicht beteiligt zu sein, nicht das Gleiche zu bekommen wie die älteren Geschwister.

Die Neigung zu Neid hat also auch mit Angst zu tun. Es ist die Angst, nicht vorzukommen, nicht wahrgenommen und nicht geliebt zu werden. Die Bereitschaft, neidisch zu reagieren, hängt damit zusammen, dass ein Mensch zu wenig er selbst sein darf.[13]
Darum kann es hilfreicher sein, den Neid nicht direkt anzugehen, sondern die dahinter liegende Angst aufzudecken und so Wege zur Trauerarbeit zu eröffnen.[14]

Dann entdecken wir möglicherweise Gefühle wie
- benachteiligt sein;
- im Vergleich nicht genug bekommen zu haben;
- nicht so sein dürfen, wie man ist.

Daraus folgen
- Selbstunsicherheit;
- ein Unwertgefühl und Selbstabwertung;
- mangelnde Selbstbestätigung;
- mangelnde Selbstannahme.

Unsere eigenen Neid- und Vergleichsreaktionen können wir auf dem Hintergrund solcher Kind-Erfahrungen besser einordnen und verstehen

- Wir können diese Erfahrungen nicht auslöschen. Sie gehören zu unserer Lebensprägung dazu. Wir können uns aber bereithalten für neue, andere, ergänzende Erfahrungen, die unsere Gefühle positiv und neu beeinflussen können.
- Wir können lernen, gegenwärtige Erfahrungen von Vergangenheitserinnerung und der Wiederbelebung alter Szenen zu trennen.
- Wir können unsere eigenen Wünsche und Bedürfnisse, die in unserer Kindheit vielleicht unterdrückt waren, kennen lernen und darüber reden.

72

– Möglicherweise können wir auch in Beziehung zu wohlwollenden Menschen die Erfahrung machen, »unbefriedigend oder nicht durchlaufene Entwicklungsschritte zu korrigieren bzw. nachzuholen«.[15]

Einschub zum Thema Erziehung

Rivalität unter Kindern ist normal und kann auch sehr positiv sein. Denn Kinder lernen sich auf diese Weise in ihrer Verschiedenartigkeit kennen, können einander stehen lassen und sich gegenseitig auch herausfordern.

Rivalität kommt von dem lateinischen Wort »rivalis« und bedeutet: »die am selben Fluss wohnen« und sich daher sowohl voneinander abgrenzen, aber auch miteinander arrangieren müssen. Menschen, mit denen ich (am selben Fluss, d. h. im selben Lebensraum) zusammenlebe, können also für mein Leben zu einer guten Herausforderung werden.

Das soziale Lernen in der Geschwisterrivalität ist darum in seiner positiven Wirkung nicht zu unterschätzen. Kinder lernen, dass nicht nur Gewinnen zählt, sondern auch Kompromisse und Kooperation. Sie lernen, dass das Miteinander mehr Spaß machen kann als das Gegeneinander. Sie lernen Regeln wie: »erst du, dann ich« oder »nacheinander statt gleichzeitig«.

Je besser Kinder auf diese Weise in Geschwisterbeziehungen vernetzt sind, desto gefestigter sind sie in ihrem Selbstwertgefühl – und desto weniger destruktiv muss gestritten werden.

Für das eigene Erziehungsverhalten kann es hilfreich sein, sich bewusst zu machen: Je weniger Geschwister gegeneinander ausgespielt werden oder in negativer Weise verglichen werden, desto eher lernen sie, einander in ihrer Unterschiedlichkeit zu akzeptieren, desto weniger destruktiv wirkt Neid.[16]

Ein Beispiel für destruktiven Neid ist z. B. die Geschichte von Josef und seinen Brüdern (s. S. 20). Weil

73

der Vater den einen Sohn übermäßig bevorzugte und ihn mit seiner Liebe überschüttete, wurde der Neid der Brüder übermächtig und führte zu deren destruktivem Verhalten.
Wenn Eltern ihre Kinder in ihrer Verschiedenartigkeit annehmen, ist es für Kinder untereinander leichter, dies auch so zu tun.

Wenn Kinder immer nur destruktiv miteinander rivalisieren, kann dies auch daran liegen, dass die Eltern in einem ständigen Kleinkrieg miteinander stehen. Die Kommunikation der Eltern dient als Vorbild für die Kommunikation der Kinder.[17] Kinder übernehmen in solch einem Fall stellvertretend den Kampf der Eltern und tragen ihn auf ihrer Geschwisterebene aus. Solche Muster wiederholen sich dann auch mit anderen Menschen bis ins Erwachsenenalter hinein.
Ein Beispiel dafür ist die Geschichte von Jakob und Esau und deren Eltern Isaak und Rebekka (s. S. 19).

8. Grenzen akzeptieren

Es kann sein, dass ich beim Vergleichen feststelle, dass andere tatsächlich besser dran sind als ich: Vielleicht haben sie eine stabilere Gesundheit, bessere Lebensbedingungen, mehr Begabungen.
Vielleicht leide ich unter körperlichen Schwächen oder einer chronischen Krankheit, die mein Lebensgefühl oder meinen Einsatz beeinträchtigen. Oder ich habe mir immer gewünscht, zu heiraten und Kinder zu bekommen und bin nun immer noch ledig. Vielleicht ist meine Ehe zerbrochen und ich leide daran.
Wenn ich mich dann im Vergleich immer auf das »Bessere« der anderen fixiere, kann es sein, dass ich verbittert werde, dass ich Gott oder Menschen anklage und so nicht zu meiner Lebensbestimmung finde.
Grenzen vermitteln uns manchmal das Gefühl der Ohnmacht oder das Gefühl, Opfer zu sein. Doch es ist

74

viel besser, innerhalb der gegebenen Grenzen die Stärken und Fähigkeiten auszubauen, als ständig gegen Grenzen anzukämpfen. Manche Grenzen, manche verschlossenen Türen muss ich akzeptieren. Ich bin mit diesen Grenzen von Gott gewollt, geliebt und beauftragt.

Eine Frau erzählte:
»Mit den Menschen in meiner Gemeinde und in unserem Ort kam ich immer weniger zurecht. Ich fühlte mich als Außenseiterin und heimatlos. Darum suchte ich sehr gezielt nach einer neuen Aufgabe außerhalb meiner Gemeinde. Ich wollte umziehen und dort neu anfangen. Aber alle Wege nach draußen waren verschlossen. Eines Tages sagte ich zu Gott: ›Nun bin ich eben erst mal hier und akzeptiere das – ich sage neu ja zu der Gemeinde hier vor Ort.‹ Nach und nach taten sich neue Türen innerhalb der Gemeinde für mich auf. Neue Kontakte wurden möglich, sogar Vergebung wurde ausgesprochen, und alte Wunden konnten geheilt werden. So fand ich Heimat dort, wo ich eigentlich wegwollte.«
Offene Türen in den Grenzmauern!

Heilsam kann auch sein, ganz bewusst um Dinge zu trauern, die wir nicht haben oder können. Trauern um verlorene Menschen oder Ziele, um nicht erfüllte Wünsche. Trauern heißt, den Schmerz, ohne etwas Ersehntes leben zu müssen, zuzulassen. Dabei sollten wir aber nicht in Selbstmitleid versinken, sondern den Schmerz bewusst vor Gott zeigen und ablegen. Das Trauern hilft uns, sich den Verlusten bewusst zu stellen, statt sie zu verdrängen. Dann können wir uns positiv davon lösen – nicht in Bitterkeit, sondern mit Bejahung.
Gerade in der Akzeptanz der Begrenztheit liegt dann eine Entwicklungsfähigkeit.[18]
Unser Herz kann bei Gott über den ungelösten Fragen und unerfüllten Wünschen zur Ruhe kommen.
An manchen Stellen kann und darf ich auch selbst klare Grenzen setzen und dazu stehen. Ich darf den Mut

75

haben, mich gegen zu hohe eigene Erwartungen oder Erwartungen anderer zu stellen: »Mein Leben ist so und nicht wie das der anderen. Das akzeptiere ich. Ich kann nicht alle Erwartungen erfüllen, und ich muss nicht so werden wie andere.« Gott verheißt gerade den Schwachen seine besondere Kraft: »Meine Kraft ist in den Schwachen mächtig« (2. Korinther 12,9). Auf diese Weise können wir ein neues Gefühl für unseren Wert auch innerhalb der Grenzen entwickeln. Im Ja-Sagen entdecken wir innerhalb der Mauern möglicherweise bisher verdeckte Türen, die wir öffnen können. Neue Möglichkeiten der Entfaltung tun sich oft erst auf, wenn wir die Grenzen akzeptiert haben.

So lernen wir, »nicht in Reaktion zu leben, sondern in Aktion«[19], damit wir nicht in falscher Weise von Menschen oder Umständen abhängig werden. Nicht nur was geschieht, kann uns verletzen, sondern auch unsere falschen Reaktionen darauf – wie Verbitterung, Rebellion, Anklage, Schuldzuweisungen.

Gott möchte uns einen zufriedenen, annehmenden, dankbaren Blick auf unser Leben geben. Durch seine verändernde Kraft, durch seine Korrektur will er uns neu ausrichten, wo wir bisher falsche Wege gegangen sind. Er will, dass wir Ja sagen können zu unserem Leben mit all seinen Möglichkeiten und Gaben, mit all seinen Schwächen und Grenzen.
Und was ist mit den schweren Zeiten des Lebens?
Auch die leidvollen Zeiten gehören zu unserem Leben. Es gibt in jedem Leben Zeiten, die schwer sind oder die wir sogar als zu schwer empfinden. Wenn wir mitten in solchen Krisen stecken, können wir oft nicht sofort dafür danken. An solchen schweren Zeiten des Lebens kommen wir jedoch nicht vorbei, sie gehören zu jedem Leben dazu.

Dostojewski prägte den Satz: »**Habe dein Schicksal lieb, denn es ist der Weg Gottes mit deiner Seele.**«

76

Dieser Satz macht deutlich, dass unsere Seele auch an den schweren Zeiten reifen kann. Auch wenn die anderen in unseren Gedanken immer besser wegkommen. Gott führt uns nicht am Leid vorbei, aber er führt uns hindurch. Die schweren Zeiten gehören zu jedem Leben dazu. In solchen Zeiten wachsen wir und werden tiefer gegründet. Sie helfen uns zu sortieren, was wirklich wichtig ist im Leben und was nicht. Und manchmal brauchen wir solche Zeiten auch, um von falschen Wegen umzukehren und eine neue Richtung einzuschlagen.

Gott will uns dahin führen, dass wir im Rückblick eine dankbare Haltung im Blick auf unser Dasein bekommen. Gott weiß, was wir wirklich brauchen, und will es uns auch geben. Er will unser Leben in die Weite führen. Er will unsere Blickrichtung verändern – weg von dem Fixiertsein auf andere hin zur Zufriedenheit mit unserem Leben.

Er will, dass wir über das Unverwechselbare und Einmalige in unserem Leben neu das Staunen lernen und die Schätze, die er in unser Leben gelegt hat, immer wieder neu entdecken.

Eine Parabel

Eine Frau steht jeden Morgen vor ihrem Haus. Sie sieht auf die gegenüberliegende Seite des Tales. Dort steht ein Haus, das goldene Fenster hat.

Von Tag zu Tag schaut sie dieses Haus immer sehnsüchtiger an. Eines Tages beschließt sie: »In diesem Haus mit den goldenen Fenstern will ich künftig wohnen.«

So macht sie sich auf und verlässt ihr bisheriges Haus. Sie wandert den ganzen Tag und kommt abends bei dem Haus ihrer Sehnsüchte an. Sie schaut sich ihr neues Haus an: Die Fenster sehen eigentlich ganz normal aus, wie bei ihrem ehemaligen Haus. Überhaupt sieht das ganze Haus ein bisschen ähnlich aus wie ihr altes Haus. Vielleicht ist es an manchen Stellen sogar ein bisschen schäbiger. Hier blättert

77

ein bisschen Putz ab und der Garten ist auch nicht besonders gepflegt.
Sie schaut sich um, schaut hinüber zur anderen Talseite – und sieht ein Haus mit goldenen Fenstern! Es ist ihr eigenes, altes Haus, dessen Fenster in der Abendsonne golden glänzen.

78

Kapitel 4

Die Fallen des Verglichenwerdens

Vergleichen ist nicht nur ein Problem von uns selbst, sondern auch von anderen Frauen. Darum sind wir selbst oft auch Gegenstand eines Vergleichs. Das Ergebnis des Verglichenwerdens kann für uns unterschiedlich ausfallen.

- Entweder wir werden bewundert, als Superfrau angesehen, idealisiert und überhöht.
- Oder wir werden schlecht gemacht, andere lästern über uns oder mobben uns. Sie machen uns schlecht, reagieren gehässig. Neid hat häufig sogar Hass zur Folge (s. S. 33 + 34).

Damit umzugehen, ist nicht immer ganz einfach. Auch an diesen Verhaltensweisen werden wieder die vier Grundeinstellungen deutlich, die ich in Kapitel 2 (S. 26ff.) beschrieben habe.

Negatives Verhalten anderer uns gegenüber

Wenn wir von anderen schlecht gemacht werden, wenn andere über uns lästern oder uns kritisieren, dann stehen bei diesen eine der beiden Grundeinstellung dahinter:

- Ich bin okay – du bist nicht okay: *»Weil ich mich als etwas Besseres fühle, mache ich dich schlecht.«*
- Ich bin nicht okay – du bist nicht okay: *»Mir geht es nicht gut, darum gönne ich dir dein Glück, deinen Erfolg, deine Anerkennung auch nicht.«*

79

Ein solches Verhalten kann Angst bei uns auslösen: Angst vor der Rache der anderen oder Angst vor Bloßstellung. Es kann uns verunsichern und unseren Selbstwert ins Wanken bringen: *»Vielleicht bin ich ja tatsächlich so schlimm, wie andere behaupten.«* Wenn wir ängstlich oder verunsichert auf solches Verhalten reagieren, uns zurückziehen oder möglicherweise in ähnlicher Weise mit Gehässigkeiten oder Verleumdung zurückschlagen, dann verfallen wir in eine falsche Grundeinstellung:

- *»Entweder ich bin (in den Augen anderer anscheinend) nicht okay, also bist du es auch nicht.«*
- *»Oder ich bin okay, aber du bist nicht okay.«*

Beide Haltungen helfen nicht weiter, weil wir andere Menschen damit abwerten. Wir trennen nicht mehr zwischen Sache und Person, also zwischen dem Verhalten eines Menschen und dem grundsätzlichen Wert, den er oder sie hat.

Antwort: »Dagegen« Segnen

Gegen Mobbing oder Lästern, Verleumdung oder üble Nachrede (die in der Regel dem Neid entspringt, siehe S. 33) dürfen wir uns aus einem gesunden Selbstbewusstsein heraus, bewusst wehren.
Die Grundeinstellung *»Ich bin okay – du bist okay«* ist die geeignete.

Wo es möglich ist, sollte solches Verhalten in eindeutiger und freundlicher Weise mit den Menschen, die dafür verantwortlich sind, angesprochen werden. Dies ist aber nicht immer möglich. Was uns dann weiterhilft, ist das Gebet für solche Menschen und das Segnen.
Lukas 6,27f.: »Liebt eure Feinde; tut wohl denen, die euch hassen; segnet, die euch verfluchen; bittet für die, die euch beleidigen.«
Im Gebet können wir solche Menschen Gott in die

80

Hand geben und uns bewusst machen, dass wir nicht richten müssen. Auch diese Menschen werden sich am Ende der Zeit – so wie wir – vor Gottes Thron für jedes unnütze Wort und jede lieblose Tat verantworten müssen.
Römer 14,12-13: »So wird nun jeder von uns für sich selbst Gott Rechenschaft geben. Darum lasst uns nicht mehr einer den andern richten; sondern richtet vielmehr darauf euren Sinn, dass niemand seinem Bruder einen Anstoß oder Ärgernis bereite.«
Es verändert eine Beziehung, wenn wir versuchen, solchen Menschen ganz bewusst etwas Gutes zu tun.
Römer 12,20-21: Vielmehr, ›wenn deinen Feind hungert, gib ihm zu essen; dürstet ihn, gib ihm zu trinken. Wenn du das tust, so wirst du feurige Kohlen auf sein Haupt sammeln‹. Lass dich nicht vom Bösen überwinden, sondern überwinde das Böse mit Gutem.«
Dies ist sehr humorvoll ausgedrückt – gemeint ist damit: Wenn wir anderen – trotz ihrer Böswilligkeit uns gegenüber – freundlich begegnen, dann werden sie ihre negative Haltung nicht lange aufrechterhalten können. Die »feurigen Kohlen auf dem Kopf« werden zu heiß werden. Im Kontrast zu den guten Taten werden die üblen Verhaltensweisen unerträglich für den oder die Täter werden und ihnen letztlich nur selbst schaden (wie Brandwunden).

Die in Kapitel 1 genannten Geschichten der Bibel (S. 16-18) machen deutlich, wie diese Menschen mit Gehässigkeiten oder Mobbing umgegangen sind:
Hanna betete. David rächte sich nicht. Mose war demütig. Josef gab die Gehässigkeiten nicht zurück, sondern handelte souverän. Alle wussten um ihren Auftrag, ihre Begabung oder Berufung und ließen sich durch andere nicht davon abbringen.

81

Kritikfähig bleiben

In mancher Kritik steckt auch ein wahrer Kern.
Wo Menschen uns also in negativer Weise begegnen, sollten wir uns auch fragen, ob wir diese Menschen vielleicht ohne Absicht verletzt haben, ob wir mit unserer Art Anstoß erregt haben und deshalb unser Verhalten, Reden und Handeln möglicherweise ändern sollten.

Menschen, die in der Öffentlichkeit wirken, sollten sich folgenden grundsätzlichen Fragen bzgl. ihrer Aufgaben immer wieder stellen:

- Muss ich mich selbst inszenieren, um bewundert zu werden oder um mich selbst zu bewundern? Eine solche Haltung wird in der Psychologie als Narzissmus oder narzisstische Persönlichkeitsstörung beschrieben: *»Ich spiegle mich im Lob der anderen. Ich bewundere mich im Applaus der anderen.«* Brauche ich ein Publikum, um mich wertvoll zu fühlen? Manchmal steckt hinter der Sucht nach Publikum die tiefe Sehnsucht, geliebt zu werden.

- Brauche ich Leistung und Arbeit, um mein schwaches Selbstwertgefühl zu überdecken, um mich selbst aufzuwerten? Hinter Perfektionismus steckt häufig das Bedürfnis, etwas zu beweisen und sich selbst wertvoll zu machen.

Es ist das Kennzeichen eines reifen Menschseins, wenn wir kritikfähig bleiben und den Mut haben, uns solchen Fragen zu stellen. Wenn wir unsere Motive immer wieder vor Gottes Angesicht überprüfen, und wenn wir auch mit guten Freunden immer wieder darüber sprechen, werden wir echter. Dies wird die Qualität unserer Arbeit und unseres Einsatzes verbessern. Da wir in Gottes Augen wertvoll sind, können wir den Mut haben, uns auf diese Art zu hinterfragen.

82

Grundeinstellung: *»Ich bin okay – du bist okay. Darum darfst du mir auch bestimmte Dinge sagen oder Verhaltensweisen kritisieren. Das ändert nichts an dem grundsätzlichen Wert, den ich in Gottes Augen habe.«*

Negatives Verhalten anderer Menschen uns gegenüber kann also verschiedene Ursachen haben.
Es kann tatsächlich in unserem Verhalten begründet sein. Dann kann es eine Herausforderung sein, dazuzulernen, manches zu verändern, uns von Gott umgestalten zu lassen.

Vielleicht liegt es aber auch an den anderen Menschen, die mit eigenen Defiziten nicht zurechtkommen und sich darum gegen alles wehren, was Neid erregt, was Sehnsüchte weckt, was Defizite aufdeckt.
Diese Unterscheidung ist für uns selbst wichtig, damit wir die Reaktionen anderer besser einordnen können.

Positives Verhalten uns gegenüber

Nun gibt es nicht nur negative Reaktionen auf unser Verhalten, sondern auch positive, bewundernde, lobende Reaktionen.
Entspringt das Vergleichen der Grundhaltung *»Ich bin okay – du bist okay«*, dann ist Lob oder Anerkennung eine schöne und echte Sache.
Wer aus einer Haltung der inneren Sicherheit (ich bin okay) heraus andere lobt, der ermutigt die Betreffenden, weiterhin ihre Gaben zu entfalten und zu leben.
Wenn wir so miteinander umgehen, können wir uns an den Gaben der anderen freuen und auch die Ergänzung sehen, die Chancen, die ein neidloses Miteinander mit sich bringt (s. S. 89ff.).
Wir können uns gegenseitig fördern und ermutigen, mit positiver Kritik einander weiterhelfen und auf Lästerverhalten verzichten.
Werde ich gelobt, bewundert oder gar angehimmelt,

83

kann aber auch eine andere Einstellung hinter dem Loben stehen: Ich bin nicht okay – du bist okay.
Die andere vermittelt: *»Du bist besser als ich, ich fühle mich ganz klein in deiner Nähe.«* Solches Verhalten kann bei der Beneideten zu Schuldgefühlen oder Unsicherheit führen.
Eine häufige Reaktion ist dann das Abwerten der eigenen Leistung: *»Ich bin nicht wirklich so gut, wie du denkst.«*

Oder es kommt in Zukunft zu einem vorsichtigeren Verhalten, einem Rückzug aus dem Engagement. Künftig soll dadurch bei anderen kein Neid oder keine Minderwertigkeitsgefühle mehr hervorgerufen werden.
Möglicherweise fühlen wir uns sogar in der Schuld der anderen und meinen, wir müssten ihnen helfen, deren schlechte Gefühle (die wir angeblich verursacht haben) wieder zu beseitigen.
Im schlimmsten Fall führt es dazu, dass wir in unserem Engagement, in unseren Aufgaben entmutigt werden. Wir ziehen uns zurück, stellen damit unser Licht

84

unter einen Eimer – wie Jesus es in einem Gleichnis ausdrückte. Eine Kerze unter einem Eimer verlöscht. Licht und Wärme gehen verloren. Der Neid der anderen kann die Freude an den eigenen Gaben verderben und meine Kreativität hemmen oder zerstören.

Zu den eigenen Gaben stehen lernen und dafür danken

Jesus sagt: »Man zündet auch nicht ein Licht an und setzt es unter einen Scheffel, sondern auf einen Leuchter; so leuchtet es allen, die im Hause sind. So lasst euer Licht leuchten vor den Leuten, damit sie eure guten Werke sehen und euren Vater im Himmel preisen« (Matthäus 5,15-16). Wenn wir Gaben und damit verbunden einen Auftrag haben, sollen wir das auch leben. Das Ziel ist dabei nicht die Selbstdarstellung, sondern dass Gott gepriesen wird (s. S. 60).

Der Neid der anderen macht auch das Besondere eines Menschen sichtbar.[1] Ein Leben, das sich vor Gott entfaltet, kann immer wieder auch Ziel des Vergleichens oder des Neids anderer Menschen werden. Doch wo besondere Gaben sind, da sollen diese nicht versteckt werden. Nur dann können sie von anderen auch gesehen werden und diese können den »Vater im Himmel dafür rühmen«. Es geht also nie um uns selbst, nie um unsere Ehre oder unsere Karriere, sondern darum, dass Gott deutlicher erkennbar und sichtbar wird: wie er ist, was er mit dieser Welt will und vorhat. Durch unser Leben soll dies deutlich werden. Dazu dürfen wir fröhlich stehen – auch gegen alle Widerstände oder Neid von anderen Menschen.

Andere fördern, selbst demütig bleiben

Wer sich selbst seiner Berufung gewiss ist, wer sich seines Wertes vor Gott bewusst ist, wer um seine Gaben

85

weiß und diese auslebt, kann andere Menschen unterstützen, in ähnlicher Weise ihr Leben zu entfalten.
Menschen, die in verantwortlichen Positionen stehen oder in wichtigen Bereichen arbeiten, haben darum auch den Auftrag, andere zu fördern, sie zu loben, zu ermutigen und ihnen bei der Entfaltung ihrer Gaben zu helfen. Sie können andere an der eigenen Verantwortung beteiligen und nach und nach auch Verantwortung auf sie übertragen.
Niemand muss alles alleine tun. Hinter Einzelkämpfertum stehen oft falsche Motive: Sehnsucht nach Macht und Ehre. Menschen, die in Verantwortung stehen, sollten darum nach künftigen Nachfolgern oder Mitarbeitern suchen, die ihre Aufgaben zunächst unterstützen, später dann auch übernehmen können. Es ist im Sinne von Jesus, dass wir gemeinsam arbeiten – miteinander und nicht gegeneinander. Wir dürfen den Schatz der Ergänzung der Gaben entdecken – und uns freuen, wie gerade darin etwas von der Art von Jesus sichtbar wird.

So verlieren wir nie den Blick für das Ganze und stehen weniger in der Gefahr, uns zu wichtig zu nehmen. Auf diese Weise lernen wir immer wieder Demut.

Demut heißt:
- Ich gebe den Dank, den ich bekomme, an Gott weiter.
- Ich freue mich auch an den Gaben anderer und bin bereit, diese zu fördern.
- Ich nehme mich selbst nicht zu wichtig.
- Ich weiß, dass auch ich Fehler mache.
- Ich freue mich über alles, was Gott mir geschenkt hat.

86

Kapitel 5

Wertvoll leben

Lebensziele und Lebensprioritäten

Die Klärung unserer Lebensziele, unserer Werte, unserer Prioritäten hilft uns, nicht an falschen Stellen im Vergleichen festzuhängen und darauf fixiert zu sein. Wer einen weiten Horizont hat, kann mit den ärgerlichen oder widrigen Dingen anders umgehen, als mit einer eingeschränkten oder gar neidischen Blickrichtung.

Unser Leben sollte auf Werte, die angesichts der Ewigkeit zählen, ausgerichtet sein. Das verändert unseren Blick auf unseren Alltag, relativiert unser Denken, Verhalten und Empfinden.

Wer um das große Ziel der Ewigkeit weiß und sich daran orientiert, kann mit vielen alltäglichen, ärgerlichen oder schwierigen Dingen gelassener umgehen. Um manches muss ich nicht streiten, kämpfen oder trauern.

Das, was unser Leben antreibt, uns in Entscheidungen leitet, sind unsere Motive und unsere Ziele. Diese sollen durch Gottes Geist ergriffen und umgeprägt werden. Denn Gott will uns in sein Bild verwandeln. Er will, dass wir Menschen werden, an deren Wesen man etwas von ihm erkennen und ablesen kann.
Darum heißt es in Römer 12,2: »Stellt euch nicht dieser Welt gleich, sondern ändert euch durch Erneuerung eures Sinnes.« Ein von Gottes Art geprägter Mensch zu werden ist wichtiger und macht glücklicher, als die Kopie eines anderen Menschen zu werden oder den vorschnellen Glücksversprechungen der

87

Werbung hinterherzuhecheln. Wir müssen nicht alles mitmachen, was gerade »trendy« oder »in« ist, sondern wir dürfen bewusst ein Kontrastprogramm leben. Gott will unseren Charakter verändern, uns neue Ziele und neue Wünsche schenken. Er stattet uns dann auch mit den nötigen Fähigkeiten dafür aus (vgl. Philipper 2,13).

In Galater 5 werden diese geistlichen Eigenschaften, die »Früchte des Geistes« beschrieben. Diese werden an uns mehr und mehr sichtbar, wenn wir mit Christus leben: Liebe, Freude, Friede, Geduld, Freundlichkeit, Güte, Treue, Sanftmut, Keuschheit.
Das Kapitel endet mit den Worten: »Lasst uns nicht nach eitler Ehre trachten, einander nicht herausfordern und **beneiden**« (Vers 26).

Entscheidender als aller Besitz oder alle äußere Ausstrahlung ist das (geistliche) Reifen der Persönlichkeit. Am Ende zählt vor Gott nicht, was ich an Wirkung und Reichtum hatte, an Geltung oder Erfolg, sondern wer ich vor Gott war und wie meine Beziehung zu Christus ausgesehen hat.

Fragen zur Selbstprüfung

- Welche Ziele und Lebensprioritäten habe ich?
- Machen diese Ziele wirklich glücklich, erfüllen sie (m)ein Leben?
- Gibt es Werte oder Charaktereigenschaften, die viel erstrebenswerter und wichtiger sind als meine bisherigen Ziele?
- Wofür will ich und wofür soll ich leben? Ein super Aussehen? Sportliche Fitness? Wohlstand und Reichtum? Anerkennung? Karriere und Erfolg? Wohlbefinden und Gesundheit? Sicherheit um jeden Preis?
- Welche dieser Ziele sind mir extrem wichtig und warum?

88

- Gibt es andere Ziele, die ich in Zukunft mehr in den Mittelpunkt meines Denkens rücken möchte? Gibt es Gaben oder Bereiche in meinem Leben, die bisher brachliegen, aber vor Gott entfaltet werden können?
- Was für ein Mensch bin ich und was für ein Mensch soll ich nach Gottes Willen sein?

Miteinander statt gegeneinander

Paulus wurde ständig mit Streitereien und Rangeleien, mit Neid und falschem Ehrgeiz in den von ihm gegründeten Gemeinden konfrontiert. Neid und Vergleich gab es also schon in der ersten Gemeinde, es ist »urmenschlich«.

Paulus betont immer wieder, dass das Entscheidende nicht die Fähigkeiten Einzelner sind, nicht die Stellung oder Machtposition, sondern die Liebe: »Strebt nach der Liebe« (1. Korinther 14,1). »Nun aber bleiben Glaube, Hoffnung, Liebe, diese drei; aber die Liebe ist die größte unter ihnen« (1. Korinther 13,13).

Oder in Philipper 2,3ff.: »Tut nichts aus Eigennutz oder um eitler Ehre willen, sondern in Demut achte einer den andern höher als sich selbst, und ein jeder sehe nicht auf das Seine, sondern auch auf das, was dem andern dient. Seid so unter euch gesinnt, wie es auch der Gemeinschaft in Christus Jesus entspricht.«

Falscher Ehrgeiz kennzeichnet ein Verhalten, das die Gemeindearbeit ruiniert. Er ist charakteristisch für Menschen, die »alles irdischen Normen unterordnen und an alles den Maßstab des persönlichen Erfolgs anlegen«.[1]

Wer zur eigenen Ehre, um des eigenen Erfolgs oder Ansehens willen oder wegen Machtgelüsten in der Gemeinde arbeitet, kann vieles kaputtmachen und das Wirken des Geistes verhindern.

Darum ist es gut, sich selbst immer wieder zu prüfen: »Was sind meine Motive? Geht es mir um meine Ehre, meine Macht, mein Ansehen oder geht es mir um Gottes Ehre?«

Die Alternative dazu? Die gegenseitige Ergänzung!

Wir müssen nicht alles können. Wir müssen nicht in allem gut sein. Und: Wir müssen nicht perfekt sein, wenn wir in der Gemeinde mitarbeiten.
Wir können voneinander lernen, uns voreinander öffnen und echt sein. Wenn wir mit anderen das Leben

90

mit Licht und Schattenseiten teilen, können wir voneinander profitieren. Wir entdecken Gemeinsamkeiten und entdecken Unterschiede.
Gerade die Unterschiedlichkeit birgt die Chance zur Ergänzung in sich. Paulus beschreibt in 1. Korinther 12 die Gemeinde mit einem Bild: ein Körper mit den vielen unterschiedlichen Gliedern und Organen.
Würde der Fuß das so ganz anders geartete Ohr ablehnen, so würde der ganze Körper nicht funktionsfähig sein. Oder würde die Hand das Auge ausreißen, weil sie sich über es ärgert, dann würde der Schmerz darüber den ganzen Körper ergreifen. Wenn der ganze Körper aus dem Auge bestehen würde, wo bliebe dann das Gehör? Wenn der ganze Körper Gehör wäre, was ist dann mit dem Geruchssinn?
So plastisch muss Paulus seiner Gemeinde in Korinth ins »Gewissen« reden, damit diese begreifen, dass sie einander brauchen. Dieses Bild macht deutlich, dass es keine wichtigeren oder unwichtigeren, keine wertvolleren oder wertloseren Begabungen oder Stellungen, Positionen oder Aufgaben gibt. Alle sind gleichwertig. Nur im Miteinander kann es funktionieren.
So können wir das Bild von Jesus in die Welt tragen. Erst wir alle zusammen machen etwas davon deutlich, wie Jesus ist. »So bildet ihr zusammen den Leib Christi, und jeder Einzelne gehört als ein Teil dazu« (1. Korinther 12,27).

Darum fordert Paulus in diesem Brief dazu auf, gerade die besonders zu beachten und zu ehren, die normalerweise übersehen oder missachtet werden:
»In Wirklichkeit sind gerade die scheinbar schwächeren oder unwichtigeren Körperteile besonders notwendig. Und die Körperteile, die wir verstecken möchten, kleiden wir mit umso größerer Sorgfalt. So verbergen wir manche Körperteile besonders sorgfältig vor den Blicken anderer, während andere Körperteile dies nicht nötig haben. Gott hat den Körper so gefügt, dass den benachteiligten Gliedern besondere Ehre zukommt.

91

Auf diese Weise kommt keine Spaltung im Leib zustande, sondern alle Glieder sorgen in gleicher Weise füreinander« (1. Korinther 12,22-25; Neues Leben. Die Bibelübersetzung).
Die Gemeinsamkeiten und die Ergänzungsmöglichkeiten zu entdecken macht uns frei, unser Leben zu führen, ohne negativ vergleichen zu müssen.

Wir sind Teil eines Ganzen, unserer ganz speziellen Begabungen und Fähigkeiten. Unser von Gott originell geschaffenes Leben wird darin gebraucht: nicht erst, wenn wir wie die anderen geworden sind, sondern wenn wir das ausleben, was Gott in unser persönliches Leben gelegt hat. – Zur Ehre Gottes.

92

Statt eines Nachworts

Vergleichen kann viele negative Folgen haben.
Das Festhängen in den Fallen des negativen Vergleichens nimmt uns die Lebensfreude und die Entfaltung der Gaben, die Gott in unser Leben gegeben hat.

Das Vergleichen positiv zu nutzen, um voneinander zu lernen und miteinander das Leben zu gestalten, ist eine große Chance und Herausforderung des Lebens.
Wenn wir unsere Einmaligkeit entfalten und die Ergänzung durch andere annehmen, führt es unser Leben in die Weite und in eine große Dankbarkeit und Gelassenheit.

93

KAPITEL 1

[1] Kenneth J. Gergen, zitiert in Eva Jaeggi: Psychologie heute. Oktober 2003, S. 30
[2] Wolfgang Rost / Angelika Schulz: Rivalität. S. 37ff.
[3] Reinhold Ruthe: Beziehungskiller. S. 50
[4] Helmut Thielicke: Wie die Welt begann. Quell Verlag Stuttgart 1960, S. 152ff.
[5] Reinhold Ruthe: Beziehungskiller. S. 56

KAPITEL 2

[1] Die Transaktionsanalyse (TA) wurde von Eric Berne (1910 – 1970), einem amerikanischen Arzt und Psychotherapeuten, entwickelt. Sie ist eine psychologische Schulrichtung, die in sinnvoller Weise Erfahrungen und Konzepte aus der Tiefenpsychologie, der Verhaltenstherapie und der humanistischen Psychologie verknüpft. Die TA verfolgt das Ziel, dem Menschen einen freieren Umgang mit sich selbst und mit anderen zu ermöglichen.

[2] Thomas A. Harris, Ich bin o.k., du bist o.k. Rowohlt Verlag
[3] Verena Kast: Neid und Eifersucht. S. 19
[4] Verena Kast: Neid und Eifersucht. S. 14
[5] Verena Kast: Neid und Eifersucht. S. 29
[6] Verena Kast: Neid und Eifersucht. S. 29
[7] Wolf Jordan: Die Eifersuchtsfalle. S. 36
[8] Verena Kast: Neid und Eifersucht. S. 28
[9] Verena Kast: Neid und Eifersucht. S. 123
[10] Reinhold Ruthe: Beziehungskiller. S. 31
[11] Jens Hofmann in: Psychologie Heute August 2002, S. 17
[12] Jens Hofmann in: Psychologie heute, August 2000, S. 33
[13] Wolf Jordan: Die Eifersuchtsfalle. S. 44
[14] Reinhold Ruthe: Beziehungskiller. S. 56
[15] Paul Tournier: Echte und falsche Schuldgefühle. S. 53
[16] Paul Tournier: Echte und falsche Schuldgefühle. S. 78
[17] Paul Tournier: Echte und falsche Schuldgefühle. S. 96

94

KAPITEL 3

[1] Verena Kast: Neid und Eifersucht. S. 25
[2] Verena Kast: Neid und Eifersucht. S. 48
[3] Bärbel Wardetzki: Weiblicher Narzißmus. S. 8
[4] Mehr dazu in: Marcia Mitchell: Mach was draus! Frauen entdecken und entfalten ihre geistlichen Gaben.
[5] Mehr dazu in: Friedhilde Stricker / Cornelia Mack: »Begabt und beauftragt«. Hänssler Verlag
[6] Mehr dazu in: Friedhilde Stricker / Cornelia Mack: »Begabt und beauftragt«. Hänssler Verlag
[7] Wolf Jordan: Die Eifersuchtsfalle. S. 68
[8] Bärbel Wardetzki: Weiblicher Narzißmus. S. 77
[9] »Ich will so bleiben, wie ich bin«; in: Emma, Heft 2, März/April 2002
[10] Nach A. de Mello
[11] Verena Kast: Neid und Eifersucht. S. 136
[12] Reinhold Ruthe: Beziehungskiller. S. 44
[13] Verena Kast: Neid und Eifersucht. S. 90
[14] Verena Kast: Neid und Eifersucht. S. 129
[15] Wolf Jordan: Die Eifersuchtsfalle. S. 75
[16] Verena Kast: Neid und Eifersucht. S. 145
[17] Kurt Theodor Oehler: Rivalität. S. 118
[18] Verena Kast: Neid und Eifersucht. S. 47
[19] Eva-Maria Admiral: Glücklich im Hier und Jetzt. Ein Powerbuch für Körper, Seele und Geist.

KAPITEL 4

[1] Verena Kast: Neid und Eifersucht. S. 152

KAPITEL 5

[1] William Barclay: Begriffe des neuen Testaments. Aussaat Verlag, 1979, S. 89f.

95

Literatur

Eva-Maria Admiral: Glücklich im Hier und Jetzt. Ein Powerbuch für Körper, Seele und Geist. Aussaat 2001

Antje Balters: Neidlos glücklich.
Gerth Medien GmbH, Asslar 2003

Verena Kast: Neid und Eifersucht.
Die Herausforderung durch unangenehme Gefühle.
Walter, Zürich/Düsseldorf 1996

Kurt Theodor Oehler: Rivalität – und wie man richtig damit umgeht. Beck, München 2003

Annemarie Pfeiffer: Mütter sind nicht immer schuld.
R. Brockhaus 2000

Wolf Jordan: Die Eifersuchtsfalle. Neues Vertrauen und Selbstsicherheit finden. Herder, Freiburg.

Christina Riecke: Sisterhood – was Frauen einander bedeuten. Brockhaus, Wuppertal 2002

Reinhold Ruthe: Beziehungskiller. Wie man Eifersucht, Neid, Rivalität und falschen Ehrgeiz überwindet. Brendow, Moers 1994

Paul Tournier: Echte und falsche Schuldgefühle.
Vom schlechten Gewissen zur inneren Freiheit.
Humata 1989

Bärbel Wardetzki: Weiblicher Narzißmus – der Hunger nach Anerkennung. Kösel 1991

96